法|学|研|究|文|丛

—— 知识产权法学 ——

著作权法的理念转变
与制度重塑

曾青未 ◉著

知识产权出版社

全国百佳图书出版单位

—— 北 京 ——

图书在版编目（CIP）数据

著作权法的理念转变与制度重塑/曾青未著. —北京：知识产权出版社，2024.3
ISBN 978 - 7 - 5130 - 9321 - 7

Ⅰ.①著…　Ⅱ.①曾…　Ⅲ.①著作权法—研究—中国　Ⅳ.①D923.414

中国国家版本馆 CIP 数据核字（2024）第 053993 号

内容提要

本书以著作权的理念转变与制度重塑为主题，深入探讨著作权法理念的转变问题，在揭示当前著作权理念的不足后，旗帜鲜明地提出应当树立促进作品利用的新理念，并以新理念为指引，通过"赋权－限权"体系完善著作权制度，对演绎作品的利益分配进行全方位解读，同时还对生成式人工智能在著作权领域的争议加以评析。

责任编辑：王瑞璞　　　　　　　　　责任校对：谷　洋
封面设计：智兴设计室　　　　　　　责任印制：刘译文

著作权法的理念转变与制度重塑
曾青未　著

出版发行：	知识产权出版社有限责任公司	网　址：	http：//www.ipph.cn
社　址：	北京市海淀区气象路 50 号院	邮　编：	100081
责编电话：	010 - 82000860 转 8116	责编邮箱：	wangruipu@ cnipr.com
发行电话：	010 - 82000860 转 8101/8102	发行传真：	010 - 82000893/82005070/82000270
印　刷：	天津嘉恒印务有限公司	经　销：	新华书店、各大网上书店及相关专业书店
开　本：	880mm×1230mm　1/32	印　张：	7
版　次：	2024 年 3 月第 1 版	印　次：	2024 年 3 月第 1 次印刷
字　数：	200 千字	定　价：	58.00 元

ISBN 978 -7 -5130 -9321 -7

作者简介

曾青末　法学博士，上海海事大学法学院讲师、硕士生导师，武汉大学知识产权与竞争法研究所研究人员、中国知识产权法学研究会理事。2017年毕业于武汉大学，获知识产权法博士学位。研究领域为版权法、商标法以及竞争法。在《知识产权》《四川大学学报（哲学社会科学版）》《苏州大学学报（哲学社会科学版）》等 CSSCI 刊物上发表论文数篇。曾获湖北省经济法学研究会论文一等奖。同时，主持和参与国家社科基金项目、教育部人文社科项目、中国法学会项目以及上海高校青年教师培养资助计划等。

序

《著作权法的理念转变与制度重塑》付梓在即，青未邀我为她的新书作序，我不假思索就应承下来了。之所以这么爽快地应诺，不仅因为她是一位研究知识产权法的优秀青年学者，而且还因为我们之间特有的亲情关系。20 世纪 80 年代末，当她呱呱坠地不久的时候，她的父母就请我为她取个有意义的名字。思忖数日，受到杜甫《望岳》中"岱宗夫如何？齐鲁青未了"的启发，终得"青未"一词，遂以名之，总觉得她的降临是"造化钟神秀"，当然，也更加希望她未来能够"会当凌绝顶"。事实上，青未一点儿也没有辜负我们对她的瞩望，从小到大在学习的道路上，总是一路前行：筚路蓝缕，不惧坎坷，锲而不舍，孜孜以求，终于取得了今天令人骄傲的成绩。

《著作权法的理念转变与制度重塑》一书，是青未积数年心得而成就的一本著作，值得研读和品味。作者围绕著作权法的理念转变和制度重塑展开，从理论源头上对著作权法赖以支撑的思想理念进行了深入的剖析和阐释，找寻著作权法发展的历史轨迹，并在此基础之上努力为现代著作权制度的建构与完善提供思想理论基础。在作者看来，著作权法制度的重塑应以著作权法理念的转变为依归，因应科技创新所引发创作行为的外延拓展，发现现行著作权法理念之不足以及与之相应的制度设计缺陷，进而为著作权法的未来建设指明方向。作者在充分掌握资料的基础上，运用严谨的思维逻辑和学术方法，对该领域的前沿问题作出了卓有成效的研究论证，取得了颇具说服力的结论。

本书所涉猎的议题，使我想起了数年前自己撰写的一篇杂文，其名曰《著作权：划向彼岸的渡船》。在这篇文章中，我曾明确地表明了自己对著作权本质的基本认知和学术立场。我是这样描述自己的心理路程的：

在当今社会，文学和艺术作品成为一种产权的对象已经是不争的事实。然而，对于历史上出现过的众多先哲们而言，形成今天这样的局面，恐怕是他们始料不及的。历史上曾经出现过那么多蜚声中外的文学巨匠和艺术大师，除非出身豪门，或者为贾为宦，不然的话，如果只靠卖文鬻字来图谋生计，恐怕大多难逃穷愁潦倒的命运。这样的例子不胜枚举：西方文化如梵高，其画作足以惊天地，泣鬼神，可是在他活着的时候，却是贫病交加，四处流浪，经常食不果腹；中华文化如曹雪芹，虽然"杰作《红楼》遗千古"，可惜在世时，却过着篷窗漏牖，瓦灶绳床，"冬暖而儿号寒，年丰而妻啼饥"的生活。论这些人的才华，可以车载斗量；论这些人的成就，足以烁古震今。然而，他们几乎没有例外的是：生前穷愁潦倒，死后才得以成名。可见，在当时文学和艺术充其量不过是点缀世俗生活的繁花枝叶，而不是赖以为生的基干根本。

不知是从何时开始，文学和艺术被披上了产权的外衣，竟如楼屋车船、柴米衣饰一样可以自由买卖。出现这样的状况，恐怕不能用简单的逻辑去概括，隐藏其后的一定是无比复杂而深刻的原因。在我看来，这种时代的变化应该是历史蜕变过程中的累积现象，既不能归结于某个卓世高人的思想灵光，也不能归功于某位英明君主的卓识政绩。在今天叙述历史的时候，英国 300 年历史的《安娜法令》也好，中国 100 多年历史的《大清著作权律》也罢，都只不过是镌刻在历史界碑上的一个标识：要么被用来标志一个时代的终结；要么被用来揭示另一个时代的肇始。

作为文学产权的著作权一定是人类社会经济发展的产物，这一点早已为历史的经验所证明。科学和技术的进步，从根本上改变了作品的传播方式，文人工匠们完全可以凭借科学技术提供的先进方式为自己制造扬名立万的机会；与此同时，文学和艺术作品也找到了实现自身价值的无限商机。也就是在这样的历史节点上，文学和艺术创作已经不仅是对精神世界的追求，而且还是对物质利益的追逐。从雕版印刷到数字传媒，只有在今天，我们才能真正做到"十年寒窗无人问，一举成名天下知"。

商品经济社会为每个人的生存发展提供了几乎同样的模式，即用自己的劳动去"等价"地换取他人的劳动。在这样的劳动交换过程中，著作权所扮演的角色不过是一种精神财富的外壳，因为只有把精神财富装进著作权的外壳里去，劳动交换过程才具备了具体实在的内容。当然，也可以把著作权理解为是一种资源分配的方式，或者是利益分配的工具。如果这个前提能够成立的话，那么著作权便逻辑性地具有了价值评判的功能。也就是说，究竟应该依照什么样的价值标准或取向去为精神财富打造一个合理的产权外壳。几乎所有的人都不会否认，文学和艺术作品是智力活动的产物，然而，如果只是"尘归尘、土归土"，让思想的成果永远停留在形而上的世界中，那么也就不会发生像今天这样的"著作权烦恼"了。历史发展的经验告诉我们：精神世界从来都抵挡不住物质世界的诱惑，或迟或早都会俯下身来屈从于物质世界的驱使。对于文学艺术创作而言，从神圣的精神殿堂走入世俗的物质世界，这是经济社会发展的必然现象。也正是在这惊鸿一瞥的转身之际，才能让我们窥见隐藏在文学和艺术华丽外表之下的利益胴体。其实，发现这样的事实大可不必唏嘘，较之先辈们"高尚"的精神境界，今天的我们已经变得非常世俗，因为我们更愿意把五花八门的商业标签贴在各种各样的文学艺术作品上面，然后把它们放到市场上去称斤论两。

可惜作为一种法律制度，著作权并不是中国传统社会自发生成的产物，而是从西方社会移植过来的东西。也正因如此，它浑身上下都充斥着"洋的味道"。这样讲的意思并不是要贬低我们的文化传承，五千年文明毕竟是人类历史上辉煌的一页。叹只叹我们的老祖宗生不逢时，没有赶上知识产权的好年代，不然的话，随便把"四大发明"拿出一样来卖给洋人，岂不是可以赚个钵满盆满？相形之下，西方人却显得比我们聪明得多，当他们在科学技术和文学产业上遥遥领先的时候，便整出个知识产权的"大阴谋"，硬是逼迫整个世界的人都要去为那"莫须有"的东西买单。如果你不情愿，他们就会不择手段地强制你去那样做。当然，以这种愤世嫉俗的心态去看待著作权问题，难免有失偏颇，因为命运有轮回，西方国家今天的成就或许就是我们明日的辉煌，待到知识产权变得与我们须臾不可离的那一天，西方人将情何以堪呢？

正是因为有了这样一种认知，我才不会把著作权看得无比高大神圣，当然，更不会把它当成人类社会追求的理想目标。在历史的长河中，著作权不过是帮助我们划向彼岸的渡船。如何把这条渡船打造得尽善尽美，将它设计得既合理又安全，让每位乘客都感到舒适且安心，这才是我们必须要加以关注的重点。从这种意义上说，是需要把著作权还原到其本来面目的时候了：著作权属于方法论而不是本体论的范畴，仅仅是作为社会资源分配的一种工具。因此，我们必须采用一种理性主义的态度去对待它，即以人的本性为内核，以公平正义为尺度，以促进社会进步为导向，对著作权进行合理的架构。唯其如此，才不至于任其沦落为一个国家对另一个国家，一个民族对另一个民族，一群人对另一群人进行盘剥的利器。

以上谈到对著作权的这些看法，纯属本人的借题发挥。其实，在青未的书里，她对这些问题都已经作了透彻的分析和系统的阐述。作为师长，我对青未的研究心得秉持肯定和赞赏的态度。当然，这并不是说，她的著作已经达到了多么高的学术水平，或者构成了本学科的登顶之作，但是这并不妨碍它成为这一学科领域的启蒙之书。总而言之，青未对这一问题的认知和领悟，自有他人不及的独到之处。

是以浅言为序，权作引玉之砖。

2024 年 2 月 14 日于京西寒舍

目
录

CONTENTS

导　论

一、研究背景

　　知识产权从产生那一刻起就充满了神秘。人们试图从各种浪漫、工具、神学、现实、道德、制度等的角度，对知识产权的出现进行支持或反对的论证与思考。著作权作为知识产权最为重要的，也是最具争议的内容，自然得到了更多的关注：从著作权产生的理论依据，到著作权具体的制度设计；从著作权体系内的架构，到著作权与邻接权的分割与联系；从著作权保护的客体认定，再到著作权具体权能的扩张与限制。可以说著作权的每一种理论学说和制度内容，都充满着人类的智慧。不论一个国家内部著作权的立法，还是国家间著作权相关条约和公约的制定，都需要衡量不同主体的利益，进行综合思考。单在我国著作权理论研究领域，学者依照各自关注点和兴趣所在，对众多现实争议背后的理论问题进行的深入探讨，就足以令人着迷。这种谜一般的著作权及其产生的理论和现实问题，使人们神往。遗憾的是，并非所有的研究都有拨开云雾的功效。特别是在著作权法领域，那些看似已有基本定论的概念、原则、规则，恐怕也只是我们一厢情愿的奢望，因为在面对具体问题时，它们又变得如此飘忽不定。

李琛教授提道："知识产权基本概念的构建是多么大的思维挑战。"❶ 这一观点，在著作权领域表现尤为突出。众所周知，著作权的保护客体是作品，作品的认定是权利产生的根基。而作品概念中一个最基本的内核便是独创性问题，只有具备独创性的内容才能被称为著作权领域的作品。然而，独创性的认定，似乎又不如我们认为的那样顺其自然。何为独创？独创性的高低如何判断？最低限度的独创性到底有多低？不同种类作品的独创性要求究竟有何差异？此种差异是类别相异引起的，还是表达方式不同导致的？除作品外，按照作品与制品的两分理论，制品不需要具备独创性还是需要最低限度的独创性？如果制品并不需要最低限度的独创性，那么针对无独创性的内容给予广义上著作权的保护显然师出无名；如果制品需要最低限度的独创性，那么我国作品独创性要求就是高于最低限度独创性要求。如此一来我国作品独创性标准是否高于其他国家要求？高标准要求下较高独创性与最低限度的独创性界限又在何处？在传统著作权领域，此种作品的概念，特别是其中的独创性认定问题一直困扰着我们。在创作

---

❶ 李琛. 论知识产权法的体系化 [M]. 北京：北京大学出版社，2005：74.

行为扩张的当下，新型作品不断涌现，如何对独创性进行界分、如何安排作品概念和类别，更是给创作者、投资者、文化产业从业人员、立法者以及司法裁判者等群体带来了极大的挑战。

除了基本概念的内涵不清外，困扰我们的还有原则的似有似无。例如"思想－表达两分法"，这一看似通俗实则深奥的原则，同作品需要具备独创性一样，只保护作品的表达而不延及思想，一直以来都被视为著作权领域难得的共识性结论。根据这一原则，在给予创作者以私权保护时，又不妨碍社会公众对作品及其蕴含思想的学习和利用，可谓在符合利益平衡理论的同时满足著作权保护的朴素正义观念。这样既维护了著作权来源的正当性，又促进了著作权法发展的合理性。然而，这一看似正当、合理的基本原则，至今却无人能给出清晰的划分标准。无论是传统的文字作品划分，还是新型的视听作品划分，不外如是。早有智者指出：思想与表达间的界限，无论画在哪里都是武断的，这却不能成为不去界分它们的借口。❶ 特别是在大众创作现象盛行的当下，"新作品"究竟是针对原作品思想的利用，还是对原作品表达的使用，不仅关系到其性质，即究竟是全新的作品还是演绎作品，而且关系到创作行为的合法性认定。因此，尽管思想与表达的界限是十分模糊的，但是有必要加以明确。

前述独创性的作品概念以及思想与表达的界分原则，不仅在理论研究中处于根基地位，在实践中也极为重要。譬如在司法审判过程中的侵权判定，就涉及一项判定在后作品是否侵权的"接

---

❶ See *Nichols v. Universal Pictures Corp.* 45 F. 2d 119（1930）.

触+实质性相似"规则。这一规则的运用，即实质性相似的比对，便需要针对具有独创性的表达进行。如果独创性要求不清晰，思想与表达的界分不够明确，实质性相似比对也就无从谈起。更何况即便确定了对比内容，实质性相似与否，也是较为主观的判断。在界分各种新颖又复杂的创作行为时，创作内容同原作品是否构成实质性相似，直接影响在后创作行为的性质认定。如果在后作品同原作品进行比对，不构成实质性相似，那么创作行为并不侵犯原作品权利人的复制权或演绎权；而如果在后作品与原作品构成实质性相似，利用了原作品具备独创性的表达后又加上了自己的演绎性创作，那么无授权的在后作品即成为侵权演绎作品，该演绎行为随即成为侵犯演绎权的侵权行为。当然，如果"演绎人"使用了原作品的独创性表达，又未加入自己的新的独创性表达，那么"演绎行为"实际上是一项侵犯原作品权利人复制权的侵权行为。因此，概念、原则和规则设置的理论研究，在实践中的意义是基础性的。由此可见，在司法审判实践中，对理论给养现实的需求是多么的迫切。因此，对著作权法中众多的如此重要却又难以言明的概念、原则以及规则进行思考和探究是我们义不容辞的责任。"如果我们试图摒弃概念，那么整个法律大厦就将会化为灰烬。"❶

上述基本概念、原则的飘忽，给规则的制定和法律的实施带来了不可消解的影响。奇怪的是，在如此混沌的概念、原则和规则下，著作权的扩张却从未停下脚步。这恐怕是谜一般的著作权

---

❶ 博登海默. 法理学: 法哲学及其方法 ［M］. 邓正来, 姬敬武, 译. 北京: 华夏出版社, 1987: 465.

又一令人惊奇的地方。著作权生命力如此之盛，适应力如此之强，要归功于技术的进步与融入。著作权从一开始就是技术之子。❶ 复制技术的产生，让作品有了批量产出和投放市场的可能。传播技术的发展，使得公众可以更多样的方式获得作品。而技术加持下创作行为的扩张，则在复制与传播之外，为作品的利用增加了新的动力。除了原创外，演绎创作也越发丰富多彩。传统的演绎行为包括翻译、改编、注释、整理等行为，由此产生了翻译作品、改编作品等以及相应的著作权权项。随着技术的发展，新的演绎创作行为不断扩张，作品的产生方式从传统的少数人创作发展成现如今的人人皆可演绎。从短视频"二创"到知名形象的商品化利用，从游戏"换皮"到"洗稿"，从同人作品到人工智能自动生成，演绎创作行为随着技术对创作的影响而不断扩张。这些新型演绎创作行为与传统作品的翻译和改编不同，在作品类别认定、侵权类别选定以及合理使用制度适用等方面都给理论和实务界带来巨大挑战。如何在创作行为扩张的当下，对本已变化莫测的著作权法进行解释和安排，便成为当务之急。特别是数据和人工智能生成内容（Artificial Intelligence Generated Content，AIGC）对著作权法的冲击，从权利主体到权利客体再到权利内容及权利限制，无一例外。如何在创作行为复杂多变的现实下厘定著作权法的体系，使我们面对已有的和新出现的创作行为时，不必过于慌乱，更加从容地接受技术带来的丰富作品内容，是需要冷静思考的问题。

---

❶ 戈斯汀. 著作权之道：从谷登堡到数字点播机 [M]. 金海军，译. 北京：北京大学出版社，2008：22.

黑格尔曾指出："理念是任何一门学问的理性。"❶ 著作权法飘忽不定的理论问题和复杂多变的现实问题，都需要通过理性的思考加以解决。正如高其才教授所言，"任何一项法律的创制都必然受制于一定的理念。"❷ 作为法律文化组成的重要部分，理念对于人们探求立法价值和法律保护对象的必要性认识，都起到了至关重要的作用。著作权法在概念阐述、原则解释和规则制定方面的飘忽，是一种理念的缺失，或者偏颇造成的。如何用一以贯之的正确理念指引著作权法的制定与实施，成为拨开著作权法迷雾最为关键的钥匙。

随着 2008 年《国家知识产权战略纲要》的出台，我国正式将知识产权上升为国家战略。《中华人民共和国国民经济和社会发展第十四个五年规划和 2035 年远景目标纲要》（以下简称"十四五"规划）中也再次强调，我国要"实施知识产权强国战略，实行严格的知识产权保护制度，完善知识产权相关法律法规，加快新领域新业态知识产权立法"。在中共中央、国务院印发的《知识产权强国建设纲要（2021—2035 年)》（以下简称《强国纲要》）中还特别指出，强国建设纲要的制定宗旨是：统筹推进知识产权强国建设，全面提升知识产权创造、运用、保护、管理和服务水平，充分发挥知识产权制度在社会主义现代化

---

❶ 黑格尔. 法哲学原理 [M]. 范扬，张企泰，译. 北京：商务印书馆，1961：2.

❷ 高其才. 现代立法理念论 [J]. 南京社会科学，2006（1）：85. 在该文章中作者指出："立法理念包含了人们关于立法的认识、思想、价值观、信念、意识、理论、理性、理想、理智，又涵盖了上述思维产品的表现物，如立法目的、目标、宗旨、原则、规范、追求等。"可见，理念一词虽然宏大，包罗万象，但至少在立法层面对法律的制定和实施起到了重要作用。关于理念的层次，后文会有专门论述，在此不赘述。

建设中的重要作用。在"十四五"规划中重申知识产权强国战略，并针对性地对知识产权强国建设制定纲要性文件予以确认和保障，足以体现我国对这一战略的重视和持续性关注。《强国纲要》中指出，要"构建门类齐全、结构严密、内外协调的法律体系"，并强调要"适应科技进步和经济社会发展形势需要，依法及时推动知识产权法律法规立改废释，适时扩大保护客体范围"。在新兴领域和特定领域知识产权保护问题时，《强国纲要》特别指出：要"构建响应及时、保护合理的新兴领域和特定领域知识产权规则体系。建立健全新技术、新产业、新业态、新模式知识产权保护规则。探索完善互联网领域知识产权保护制度"。著作权作为知识产权中重要的一部分，按照上述规范性文件的要求，其法律规范的制定和实施，也必然要符合我国知识产权战略的整体性要求，符合"十四五"规划及《强国纲要》的意旨。这就要求我们在著作权法律制度的完善过程中，务必要以知识产权的创造、运用、保护、管理和服务水平的提升为己任，建立健全著作权相关的新技术、新产业、新业态、新模式知识产权保护规则，探索并完善互联网领域的著作权保护制度。可以说，在此时代背景和现实需求下，对著作权法的理念转变与制度重塑的研究具有十分重要的现实意义。

二、研究现状

本书主要围绕著作权法的理念转变，及理念转变后如何对理念进行诠释，继而指导制度进行完善。实际上，著作权法具体制度的重塑要以著作权法理念的转变为根基。而关于著作权法的理念，学界进行的专门研究并不是很多，主要研究多集中于广义和狭义两个角度。广义的著作权法理念，是从著作权法的发展脉络、合理性论证或与民法关系等角度，对著作权法的保护理念或立法理念进行梳理和归纳。而狭义角度的研究，则是从具体的理念内容出发，将其运用于具体制度设计，切实发挥著作权法理念的指导作用。除此之外，专门研究著作权法理念转变的文章，则多集中于著作权保护中心的转变以及向过去理念的回归。以下分别进行阐述。

（一）历史维度下的著作权理念

在广义的著作权法研究中，学者们主要围绕历史维度的著作权法理念，即著作权法的基本理念、立法理念以及保护理念等内容，从著作权法形成角度对著作权法理念进行介绍，多涉及著作权法产生过程中的版权主义和作者权主义理念及相应的功利主义、作者权理念等方面，并明确著作权法理念有指引立法和司法实践的功效。代表性研究如下。

（1）费安玲教授在其《论著作权的权利体系构成的制度理念》一文中，以著作权的权利体系模式为视角，研究著作权法的制度理念。她从我国《著作权法》的权利体系分类入手，认为我国《著作权法》的权利体系划分十分明确和简洁，即著作权分为人格权和财产权这两种类别。❶ 而放眼世界，却存在着泾渭分明的两种不同著作权体系模式。这两种不同模式不仅体现于权

---

❶ 当然，费安玲教授对人格权或人身性权利的称谓，有其独到的见地，在此不赘述。

利体系的理论探讨，而且更深刻地反映在具体的立法内容中。这两种模式分别为仅设定财产权体系的"一元化模式"和分别设定人格权和财产权的"二元化模式"。❶ 她认为具体模式是基于不同国家和地区的文化、经济、社会、政治等历史背景进行著作权法律制度的价值判断形成的，并指出这两种制度模式体现着不同的立法理念，即"Copyright 主义"和"作者权利主义"。❷ 总体而言，费安玲教授在对著作权法的理念进行研究时，从著作权体系分类这一理论问题入手，继而探讨由此形成的具体制度模式，再抽象出制度模式所体现的理念内容进行分析。当然，尽管该文题目为制度理念，但探讨的著作权法理念问题实则依然是立法理念。从这一角度上讲，制度理念与立法理念在适用上是同义的。❸ 除了不同制度模式源于不同理念这一基本观点外，她还指出，尽管随着信息交流的频繁与密切，不同模式下的理论探索和制度认识等已经产生了趋同的迹象。然而不可否认的是"不同理念所培育出的法律制度真正走向一致尚需时间"。由此，我们也不难看出，尽管存在不同的著作权法立法理念，但以法律理念指导法律制度的基本观点，在著作权法领域也是成立的。

---

❶ "二元化模式"实际上还存在着两种类别的具体模式，分别是人格财产两分的二元模式和人格财产权一体的一元模式。

❷ 费安玲. 论著作权的权利体系构成的制度理念 [J]. 科技与法律，2005（2）：38－46.

❸ 费安玲教授在文中指出："Copyright 主义"和"作者权利主义"的"不同点突出表现在立法理念的不同，其立法初始的考察核心亦是不同，从而它们的制度价值判断亦存在差异"。除了制度理念、立法理念外，文章还运用了"法学理念"这种更广义的用语。作者提出：在"版权"和"作者权利"抑或"著作权"产生之初，法学理念的差距是相当大的。

（2）与上述研究内容相近的，还有谢晴川与何天翔教授合著的《论著作权法对"创作者特权"的确认与限制——以"鬼吹灯"案中的作者续写权利主张为切入点》一文。该文虽然是对著作权法领域内创作自由与创作者自由概念的厘清，但研究过程中最为基础的理论支撑就是两大法系对作者权理念的制度反馈。文章指出：对于"创作者特权"及其专有权利化主张的限制背景是两大法系中作品观融合导致了对作者权益的挤压，作者权理念在法律实践中出现了反弹。❶ 在将作者权理念进行分析的同时，他们还指明功利主义激励理念与作者权理念之间冲突在我国《著作权法》立法中也有所体现。可以看出，该文中与作者权理念相对应的概念是功利主义激励理念。除此之外，文章还提到："整套著作权法律制度也都建立在传统的消极自由理念之上，包括著作人身权在内的权利也绝大多数属于消极权利。"❷ 此时消极自由理念的提出，尚无对应内容，仅有研究过程中提到的消极权利与积极权利这一组对应概念。通过上述内容，我们不难发现，作者权理念与功利主义激励理念是一组对应的概念，同前文中提到的"Copyright 主义"和"作者权利主义"理念是较为接

❶ 谢晴川，何天翔. 论著作权法对"创作者特权"的确认与限制：以"鬼吹灯"案中的作者续写权利主张为切入点 [J]. 交大法学，2020（4）：65. 该文中"鬼吹灯"案还涉及同人作品的相关问题，后文会有专门论述。

❷ 关于消极权利和积极权利问题，作者指出："需要从现代社会中创新的复合属性、版权利益分配格局的自发形成、我国社会中通行的权利观念等角度出发，坚守《著作权法》对于创作者自由的既有确认与限制机制。"即作者认同消极的限制机制，指出如果"任意地基于作者权理念或者'创作者自由'的口号主张专属于作者的消极权利乃至积极权利，将扰动《著作权法》中业已确立的权利义务平衡"。在著作权迅猛扩张的当下，此种法定限权的观点值得称赞。

近的一组理念概念。值得注意的是，在结论部分，作者特别提到："保障创作自由是我国法律的基本价值取向。"这里的创作自由作为基本价值取向被提出，价值取向同作者权理念及消极自由理念等一样，均可以指引制度设立。此时，价值取向与理念和制度间的关系问题，也值得我们深入思考。

（3）周作斌教授等在《著作权立法理念的历史考察》一文中，专门对著作权立法理念进行了考察。文章指出："从版权、作者权到著作权的历史进程中无不体现着立法理念和价值观念的变化及创新。"❶ 并认为我国著作权法律制度也是在一定的立法理念指引下趋于完善和成熟的。其中，立法理念包含了财产价值观、人格价值观及智力成果观这三种不同内容，这也导致了世界范围内著作权制度体系的差异。除了立法理念外，文章还提到了"价值理念"这一概念，从行文内容上看，这里的"价值理念"和上述"价值观念"应为同义语。即由于著作权的价值体现于其是一项可转移的财产，故《安娜法令》制定时会以复制权的赋予来鼓励创作。❷ 除此之外，文章还提到："基于上述立法理念，著作权法在保护客体、著作权人权利、合理使用、法定许可、管理机构、临时措施、举证责任、行政处罚等方面作了较大的调整和修改。"可见，该文章也肯定了立法理念指引具体著作

---

❶ 周作斌，刘凡. 著作权立法理念的历史考察 [J]. 西安财经学院学报，2003 (2)：54 – 58.

❷ 文章指出：著作权的价值在于它是一项可以移转的财产。正是在这种价值理念的指导下，英国颁布了世界历史上第一部著作权法——《安娜法令》，旨在"授予作者、出版商专有复制权，以鼓励创作"。随后又指出：美国于1790年制定的著作权法继承了《安娜法令》的法律传统体现了"财产价值说"的基本理念。

权的法律制定及实施的正向影响。

（4）殷少平教授在《论互联网环境下著作权保护的基本理念》一文中指出："以正确的法律理念为基础才可能得到正确的结果。"● 针对著作权保护的基本理念，文章虽没有给出具体的理念内容，但进行了方向上的梳理。● 比如，民法基本原则可以用于指引著作权法的适用，具体体现为网络服务提供商在进行商业模式的选择时，理应具有正当性，而且必须符合诚实信用、公序良俗等民事活动的基本原则。再如，网络技术进步不应当影响著作权的效力；当具体规则适用产生分歧时，处于下位法的《信息网络传播权保护条例》内容应当以《著作权法》等上位法的立法目的和基本原则加以解释。由此可见，在一些学者眼中，著作权保护的基本理念，在实务中具体表现为一些观念上的原则性内容。此时，著作权的保护理念，就是著作权保护观念的同义词。

通过上述内容我们发现，在广义的著作权理念研究中，学者们多从版权体系与作者权体系的区别，得出不同理念对保护模式的选择以及具体制度的构建起到了决定性的作用。所以在创作行为扩张的当下，如果需要对制度进行完善，则少不了对理念进行

● 殷少平. 论互联网环境下著作权保护的基本理念 [J]. 法律适用，2009（12）：32–38.

❷ 同样未指明具体理念的研究，还有梅术文教授等的《网络环境下版权保护理念的审视：由〈馒头〉VS.〈无极〉引发的思考》。该文在著作权法律理念的确立中，指明了三项基本原则，分别为：利益多样性和多元化保护原则、自主性原则以及激励创新原则。可见，在该学者视野中激励创新是一项原则而非理念。梅术文，周荣. 网络环境下版权保护理念的审视：由《馒头》VS.《无极》引发的思考 [J]. 电子知识产权，2006（4）：57–58.

明确。同时我们也发现，学者们经常将著作权的理念、保护价值、原则等词语混用，或者代替使用。这一方面体现出著作权理念的包容性，另一方面也体现出著作权理念本身的复杂性。如何界定著作权法的理念，将其与著作权法的价值、原则等概念进行区分，成为我们探寻著作权法理念的第一步。界定著作权法理念的边界，并对其与著作权法的价值、原则、规则等概念的关系进行梳理，才能更好地对著作权法的理念与制度构建进行有机协调。

（二）具体理念的考察与适用

除了上述广义上的著作权理念外，学者们还对具体的著作权法理念进行了研究，主要集中于著作权利益平衡理念和分享理念。

1. 著作权的利益平衡理念

学者李勇军在《论著作权法的理念》一文中指出："促进创作和利益平衡是现代著作权法的核心理念，也是现代社会繁荣文学、艺术和科学的法治规制思路。"同时，他认为依据相关判例和理论，分析著作权法所蕴涵的法理，可以为著作权法的修改和制度设计提供基础性价值取向。❶ 促进创作与利益平衡，究竟是著作权法的理念还是基础性的价值取向，需要我们进一步探讨。郭剑寒、宋思宇两位学者在论文《意思自治：数字时代维持著作权利益平衡之核心理念》中指出："基于知识产权是私权而提出

---

❶ 李勇军. 论著作权法的理念 [J]. 社会科学研究，2015 (2)：92 –97.

假设：意思自治是数字时代维持著作权利益平衡的核心理念。"❶
该文章虽然主张的是在著作权法领域建立意思自治的理念来维持
著作权的利益平衡，但实际上，将意思自治的私法理念用于著作
权领域以达成利益平衡的目的，从一个侧面理解也是著作权法理
念应当包含或者追求利益平衡。

2. 著作权的分享理念

与上述利益平衡理念的研究较为相近的，是学者们对于著作
权分享理念的研究。比如，饶世权教授在《网络短视频产业的法
治治理：理念、规则和机制——以著作权分享为视角》一文中指
出："治理网络短视频产业乱象应当以著作权分享为法治治理理
念，建立'传统许可'模式、'推定无偿许可'模式和相互转换
模式构成的多元许可分享著作权的治理体系。"他从著作权领域
的网络短视频乱象入手，对法治治理理念进行了研究，并依照促
进著作权分享的理念，提出了具体的规则构建内容和相应的治理
机制。❷ 学者王晶和钟紫红在《著作权新理念下创造性作品的保
护与共享——知识共享组织及其许可协议》一文中指出：知识共
享组织为适应数字化时代的到来，应以知识共享为理念，将该理
念运用于著作权保护与利用。此时在知识共享理念指引下，"通
过向公众免费提供一系列实行'保留部分权利'的许可协议，

---

❶ 郭剑寒，宋思宇. 意思自治：数字时代维持著作权利益平衡之核心理念 [J]. 宁
夏大学学报（人文社会科学版），2007（5）：69 - 74.

❷ 饶世权. 网络短视频产业的法治治理：理念、规则和机制——以著作权分享为视
角 [J]. 中国编辑，2021（1）：14 - 20.

为创造性成果提供更加灵活且行之有效的保护与使用方法"。❶
可以看出，在著作权分享或共享理念的研究中，学者们多出于便
于分享利用的理念，进行具体许可制度的设计和安排。

　　学者程文豪在《著作权保护与数字教学资源共享的合理性、
矛盾及解决思路探析》一文中指出：著作权的保护有利于激发作
者创作热情，而数字教学资源共享有利于提高全社会教育水平，
两者都具有合理性。而这两者分属私权与公益属性，当二者产生
矛盾时，利益各方会进行博弈。由于著作权高度保护理念的盛
行，不断压制数字教学资源共享，所以博弈的结果，是著作权保
护偏向私权继而产生失衡的现象。文章通过对网络环境下两者的
合理性及矛盾进行研究，发现推行知识共享理念可以解决著作权
保护中公益与私权间的冲突。❷ 不难发现，该文章是以共享理念
作为著作权的保护理念进行分析的。高度保护理念是文章反对的
观点。❸ 除此之外，文章还提到了著作权的保护应当遵循自然法

---

❶　王晶，钟紫红. 著作权新理念下创造性作品的保护与共享：知识共享组织及其许
　　可协议［J］. 中国科技期刊研究，2008，19（2）：243 - 247.
❷　程文豪. 著作权保护与数字教学资源共享的合理性、矛盾及解决思路探析［J］.
　　柳州师专学报，2008（1）：90 - 94.
❸　与作者反对高保护理念较为相似的观点，还体现在高雅文的《版权保护对象合理
　　扩张路径思考》一文中。该文针对数字技术发展给版权保护对象带来的扩张影响
　　进行了积极的回应，特别是肯定了《著作权法》第三次修改中作品类型条款的
　　开放式规定。高雅文提出了"宽容扩张"理念，并以此为基础探究合理的扩张
　　路径。高雅文. 版权保护对象合理扩张路径思考［J］. 中国出版，2023（9）：
　　49 - 53.

理念。❶ 文章指出洛克劳动学说理论的核心理念是：我创造所以我拥有。由于著作权作为一种私权，作者的创造性劳动成果应当归其所有，所以对著作权进行保护符合自然法理念。❷

无论是利益平衡理念还是分享理念，实际上都是对不同利益主体的关注或关爱。因为利益平衡本身必然涉及私权与公益间的利益调和，而分享理念则是在利益调和过程中选择具体的许可方式，来合理地安排著作权权利的享有和作品的使用。

（三）著作权理念转变的有益探讨

1. 从复制到传播的理念转变

为数不多的著作权理念转变的研究，主要集中于保护制度理念从复制转向传播。以吕炳斌教授为代表，他在《数字时代版权保护理念的重构——从以复制权为中心到以传播权为中心》一文中指出：复制在数字时代遇到了适用上的困境，并且仅靠对特定条款的修改不足以解决该问题。他认为"在信息网络时代，传播比复制重要，控制传播比控制复制具有更大的意义"。❸ 只有从根本上对版权保护基本理念进行改革，将版权保护中心从复制权转变为传播权方可解决版权法的时代困境。同吕教授有相同观点

---

❶ 作者指出：这一理念一方面表现为"自然权利主张权"；另一方面表现为"获得报酬主张权"。"自然权利理念"对应的应当为"法定权利理念"，著作权法的自然抑或法定权利属性将会影响著作权理念的整体走向，后文会继续对此问题进行探讨。

❷ 参见：张志成. 论知识产权的合理性问题：一种法理学形式上的分析［M］//私法：第 3 辑（第 1 卷）. 北京：北京大学出版社，2003：298.

❸ 吕炳斌. 数字时代版权保护理念的重构：从以复制权为中心到以传播权为中心［J］. 北方法学，2007（6）：127 – 131.

的研究，还体现在学者郭蓉的《数字出版中版权保护理念核心的转变》一文中。他从版权保护、对复制权定义的划分和合理使用三个方面进行分析，提出我国数字版权保护制度理念核心应从复制转向传播。在此基础上他还指出："版权制度的基本理念是秩序维护、权利保护、自由共享，其中心为权利保护。"可见，虽然该文的核心观点是保护理念转变，方向是从复制向传播为中心的转变，但在保护理念中，还包含着共享等内容。除此之外，该文还进一步指出"现行版权制度及其基本理念主要由《著作权法》加以规定和突显，保护著作权人以复制权为中心的人身权利和经济权利是《著作权法》的基本理念"。而在版权制度基本理念转变后，需要对合理使用等制度进行相应的完善。❶

2. 人本主义保护理念的回归

学者初萌在《元宇宙时代的版权理念与制度变革》一文中提到：在理念层面，元宇宙发展引领了创作者中心主义理念的"复兴"，强化了创作主体地位之平等，从而凸显了版权保护的人本主义面向。❷ 回归人本主义版权保护理念，是该文章的核心理念。在阐述人本主义版权保护理念时，他明确了一个具体维

---

❶ 郭蓉. 数字出版中版权保护理念核心的转变 [J]. 成都师范学院学报，2014，30（1）：63 – 66 + 90.

❷ 该文章作者特别提到，在元宇宙时代的创作行为具备以下三大突出特点：数据驱动变革创作方式、技术赋能提升用户地位、全民创作突破演绎限制。关于新技术下的创造行为也是本书探讨的重要部分，针对此问题后文会具体进行研究。初萌. 元宇宙时代的版权理念与制度变革 [J]. 知识产权，2022（11）：110 – 126.

度，即平等考虑在先创作者与在后创作者的利益。❶ "人本主义"并非新兴词汇，在著作权法领域体现为对作者权保护的立法理念。由于反对浪漫主义作品观思潮盛行，越来越多的学者强调著作权法的功利主义激励理念，而放弃对作品创作者的保护理念。该文作者的观点恰好"逆行"，认为只有回归人本主义理念，回归对创作者保护的立法理念，才能在技术变革中充分保障在后创作者的利益。

无论是数字时代带来的传播技术变革，还是元宇宙时代引发的创作方式变革，都呼唤着著作权法理念的转变。因为在与技术密切关联的法律领域内，著作权法面临的现实冲击尤为明显。在应对现实需求之时，具体制度规则的完善显然受制于原有的著作权法理念。只有进行符合新时代的著作权法理念转变，才能使制度重塑摆脱束缚成为可能。

综上所述，学界对著作权法的理念及制度这一主题，从历史背景到实践指导层面进行了较为广泛的研究。针对著作权法理念的转变研究，也涵盖了从复制到传播以及回归创作者保护的理念转变。可以说已有研究，给本书提供了重要的理论素材。当然，也应当看到，涉及著作权法理念与制度的探讨还有继续探索的空间。特别是对于著作权法的理念这一概念本身，内涵和外延究竟该如何界定，其与价值、原则和规则的关系问题等都是著作权法理念研究的基石，也是本书期盼得以解决的首要问题。除此之

---

❶ 在先与在后创作者的利益诉求困境体现在，在后创作者对宽松版权环境的渴求，以及版权保护对在先创作者激励的减少。因而他提出版权法动态效率的实现是需要在理念上作出平等保护在先创作者与在后创作者利益的转变。

外，在著作权法理念的转变下，著作权法制度的重塑应当如何诠释相应的理念，如何将理念实际应用于具体制度的重构，也是本书希望解决的另一问题。由此可见，对著作权法的理念转变与制度重塑这一问题进行研究，不仅具备现实意义，更具有深刻的理论意义。

三、研究内容

"法律制定及运用之最高原理，谓之法律之理念。"❶ 面对知识产权强国战略要求，作为知识产权法律体系的重要组成部分，著作权法理应回应新技术、新经济、新形势对著作权制度变革提出的挑战，加快推进著作权法相关内容的改革发展。而著作权法律的制定、完善和实施都离不开著作权法理念的指引。基于现有的时代背景和知识产权强国战略要求，明确著作权法的理念并指导著作权具体制度的完善，具有十分重要的现实意义。然而，现有研究并未厘清著作权法理念的内涵和外延，对于著作权法理念的转变也存在着一定的方向性争议。故本书以著作权法的理念转变与制度重塑为主题，探讨著作权法理念的转变问题，并在以转变后的著作权法理念指引下，对著作权法的具体制度进行重塑。

具体而言，本书从技术变革引发创作行为扩张的现象入手，分析现有著作权法理念的不足，以及与之对应的著作权法制度存

---

❶ 史尚宽. 法律之理念与经验主义法学之综合［M］//刁荣华. 中西法律思想论集. 台北：汉林出版社，1984：259.

在的缺陷。在此基础之上，明晰著作权法需要进行理念上的转变和制度方面的重塑。具体而言，除导论与结论外，本书分为以下五章内容。

第一章　著作权法与创作行为。首先，对著作权法视域下的创作行为进行界定，明确创作行为与著作权法的关系，并界定著作权法中的原创和演绎行为。在此基础之上，对创作行为的扩张进行现象和本质的梳理和阐释，对扩张后的创作行为进行类型化的说明。在创作行为和著作权法律关系紧密联系的基础上，对创作行为的扩张影响进行分析，指明创作行为的扩张必然会对著作权法的理念和制度产生影响，提出本书意欲解决的问题，为后文的理念转变和制度重塑内容的开展进行铺垫。

第二章　著作权法理念的确立与转变。理念先行，在著作权法理念转变部分分为三个层次进行研究。第一个层次：明确著作权法理念确立需要遵循的标准，对标准进行解释和说明。第二个层次：首先，以纵向的著作权保护历史入手，进行基本理念的回溯和梳理。其次，以问题为导向，对著作权法理念需要解决的现实问题进行归纳和抽象，概括出得以应对现实问题的理念框架。再次，进行横向的理念对比，选取更为适合的理念内容。最后，通过以上步骤，对理念的具体内容进行具化和说明。第三个层次：对最终形成的理念进行标准的检验，并与对应制度体系进行对照，找出与著作权法理念不符的具体制度，为后文的制度重塑建立指引。

第三章　著作权法的制度重塑。本书对著作权法体系进行了多维度的解读，其中"赋权－限权"体系是本书选取的制度分

析框架。本章内容立足于"赋权－限权"这一体系性内容的赋
权部分进行制度重塑。著作权的赋权制度重塑，围绕作品体系和
权利体系的制度重塑展开。其中，作品作为著作权法保护的对
象，具有基础性作用。作品体系的制度重塑首先应当在上文得出
的著作权法理念的指引下进行。故在著作权法理念的确定基础之
上，需要针对作品体系重塑问题进行理念上的诠释，明确理念指
引下的重塑要件和模式选择。在此基础之上，对作品的概念及类
型化的具体内容进行制度层面的重塑。除了作品外，围绕作品产
生的具体权利也是赋权制度的重要组成部分。我国著作权体系在
广义上存在着著作权与邻接权的两分内容，在狭义上又体现出了
人身性和财产性权利。如何在理念指引下对权利体系进行设置和
完善，是本书重点要探讨的内容。在"赋权－限权"体系中，
限权制度是与赋权制度相伴而生的。这一观点与传统权利限制理
论有所不同。在限权制度的完善设计中，自然也离不开理念的指
引，除此之外，还包含赋权制度选择的回应。因此，本章内容是
在理念诠释下，通过"赋权－限权"制度的完善，反映出赋权
与限权体系的呼应性，并以此为基础对整体的赋权与限权制度的
具体内容进行构建。

　　第四章　新理念应用：以演绎作品保护为例。演绎作品是在
已有作品之上的再创作，其产生的利益相对于原作品而言，是一
种增值利益。法律对演绎作品进行保护的初衷，是希望通过调节
蕴含于其中的利益冲突，达成作品增值利益合理分配的目的。本
书通过公平分配作品利益，将著作权法的理念转变为促进作品利
用的价值追求。演绎作品的产生源于作品的利用，对演绎作品进

行保护，就是对促进作品利用新理念的适用。在具体研究中通过分析当今世界各国对演绎作品进行"开放"抑或是"封闭"的立法模式选择，体现出立法者的增值利益分配观。不同国家在不同时期对演绎作品的司法实践，展现出了相同的增值利益分配逻辑——区分独创性表达并给予保护。在宏观的作品增值利益分配中，公共利益是需要考虑的重要因素。在微观层面上，应当按照要素的贡献对作品的增值利益进行分配。由于独创性是法律保护演绎作品的基础，亦是划分演绎作品利益的边界，因而应当以衡量独创性为核心，对演绎作品的增值利益进行分配。

第五章　新制度适用：以 AIGC 保护为例。生成式人工智能的出现颠覆了传统的创作模式，人工智能生成内容的可版权性问题随即引发了广泛争议。对创作的不同理解，不仅会直接影响生成内容的作品性质判断，而且会深入影响生成内容的权利边界。在人工智能技术迅猛发展的当下，探寻生成内容的性质，摸索著作权法保护与否的合理解释方案，需明确创作的内涵。在此基础之上，通过深挖技术背后的法律原旨，将生成内容认定为人类演绎性创作下的独创性表达，并将具备实质性差异的独创性内容界定为演绎作品，以此满足著作权法保护的要求。此时在著作权法整体视阈下，以促进新型演绎作品的利用为契机，探索新技术变革对著作权法冲击的应有对策——以复制和演绎性传播为中心重塑我国《著作权法》的权利体系。本章内容就是通过理论分析在前文制度设计的基础之上，对人工智能生成内容的保护予以具体适用，确保在促进作品传播利用的同时，达成公平分配利益的著作权法目标。

　　最后，在结论部分，笔者梳理了本书的写作逻辑，总结了各章各部分形成的结论。对创作的扩张行为及其影响进行了说明，强调了理念转变的必要性和可行性，明确了制度重塑的条件和方法，最终对理念转变和制度重塑的适用结论进行了归纳和总结。

第一章
著作权法与创作行为

　　正如知识产权法并非永恒实体而始终存在，著
作权法也仅是历史长河中出现的一项为解决现实问
题而有意识制定的法律制度。诚如罗兰·巴特所
言：任何地方都不存在任何自然的东西，而只有历
史的东西。❶ "那些常常被人视若当然或者看作自
然构造的东西，实际上确是由一组复杂而变化着的
环境、实践和习惯共同作用的产物。"❷ 面对现已
形成的著作权法律制度和已有模式，我们必须谨
慎对待。一方面，尽管从无到有的立法努力，已
经对经验内可产生的问题进行了长期性规范的预
见，但仍然无法阻止随着时间推移而产生的新的

---

❶　BARTHES R. Roland Barthes［M］. London：Macmillan，1977：
　　139.
❷　谢尔曼，本特利. 现代知识产权法的演进：英国的历程（1760～
　　1911）［M］. 金海军，译. 北京：北京大学出版社，2012：7.

现实变化。另一方面，即便没有超越经验的现实出现，❶ 我们也无法阻止社会环境和习惯等的改变对法律产生的影响，而期待法律的反应方式始终如一。

此种变化中的法律制度在著作权法领域，曾是这样的一番景象：前现代著作权法使用古典法理学的语言，而现代著作权法则趋向于使用政治经济学和功利主义的话语和概念。❷ 这些语言，即为我们所熟知的著作权法正当性理论中最具盛名的自然权利论和工具论。无论是自然权利论还是工具论，在著作权法正当性论证过程中都无法逃离对创作行为的依赖。当下，著作权法正经历着又一次的挑战。创作行为的扩张俨然冲破了旧有的立法经验，社会环境与习惯的变化也无时无刻不在提醒着我们，著作权法到了需要反思的时候。

第一节　著作权法的起点

1710 年的《安娜法令》，被视为世界上第一部著作权法。❸

---

❶ 实际上这是不可能的，因为经验总是对一定历史范畴内先验性的探索，而具有一定的历史局限性。

❷ 谢尔曼，本特利. 现代知识产权法的演进：英国的历程（1760～1911）［M］. 金海军，译. 北京：北京大学出版社，2012：207.

❸ 当然，有学者指出《安娜法令》并非第一部版权法，因为在《安娜法令》颁布之前，已存在许多图书印刷出版许可法令，出版商的版权早已得到确认，并且作者的权利也已得到确认。黄海峰. 知识产权的话语与现实：版权、专利与商标史论［M］. 武汉：华中科技大学出版社，2011：21.

在文学财产争论时期，著作权法的产生直接源于对通过印刷技术复制作品产生的利益分配需求。而随着著作权合理性论证话语的确立，以及著作权被立法保护后对于法律美学追求的发展，著作权法律制度形成了一种难以摆脱的路径依赖。而这一后果，便是我们很难将业已形成的"著作权法是保护创作之法"的光环抹去。这一光环映射在著作权法之中，则是产生独创性表达的作者，一直被动地处于著作权法保护的权利起点。正如李琛教授所言，"著作权制度是以个人主义作品观为基础的，把作品归结于人的创作，把作品来源追溯到个体的创造者。这种作品观是历史性的，而非从来就有、亘古不变。"[1] 历史性的个人主义作品观，是建立在作品来源于人的创作之上的。实际上古希腊人并不推崇"创造"，他们视作品为对自然的模仿，就连柏拉图和亚里士多德在论述艺术活动时，所使用的词也仅相当于英文的制作（make）。[2] 这一现象直至文艺复兴时期才得以改变。随着自我意识的觉醒，人们逐渐对自由、创造等自身价值进行反思。此时，作品是人的创作这一观念，才具备生存的土壤。因此在本书的开端，我们先来探讨一下创作行为对著作权法产生的意义，以及创作行为扩张给著作权法发展带来的影响。

一、创作行为

虽然著作权法的产生始于文学财产权的争斗，但无论立法者

---

[1] 李琛. 著作权基本理论批判 [M]. 北京：知识产权出版社，2013：58.
[2] 周宪. 走向创造的境界 [M]. 南京：南京大学出版社，2009：67.

最终选用了何种表达来诠释著作权法保护的正当性与合理性，著作权法通过创作行为建立起的与市场的天然联系都无法被忽视。因为知识具有公共物品的属性，即非竞争性和非排他性。非排他性意味着，在自然状态下作者无法阻止他人"搭便车"，无须付出前期成本的搭便车者相较于作者将取得成本上的竞争优势，从而在市场上导致"劣币驱逐良币"。❶ 这一创作与市场的天然联系观点，被学者们广泛研究并逐步发展。❷ 针对创作行为与市场的关系，有学者研究表明：创作行为应当从交易市场中被分离出来，因为前者是一种自我满足的行为，后者才是版权制度构筑的基础。❸ 也有学者一针见血地指出："版权的制度前提是交换价值和经济理性，这决定了版权的动态效益只存在于这样的场合，即作者把创作当成一种'以劳动换取产权'的市场行为。"❹ 创作行为究竟是著作权法保护的起点，还是著作权法保护作品交易市场的说辞，或是两者兼而有之？值得我们深思。

虽然作者是被动成为著作权法保护权利的起点，但依现代著作权法的权利体系构成理论，作为保护对象（或客体）的作品，依然源于人类的创作行为。此时剥离用以粉饰保护商业利益的

❶ LEVEQUE F, MÉNIÈRE Y. The Economics of Patents and Copyright ［M］. California: The Berkeley Electronic Press, 2004: 5 – 7.

❷ 比如李琛教授指出："知识产权法是与市场竞争密切相关的法律，其产生的根本原因在于：近代以来，技术的发展大大降低了模仿成本，提高了模仿的速度，使创新者很难通过占据市场先机这一自然的竞争机制得到回报，故而知识产权法介入市场，人为地以法律手段为创新者维持一段时间的先机。"李琛. 著作权基本理论批判 ［M］. 北京: 知识产权出版社, 2013: 49.

❸ 罗斯. 版权的起源 ［M］. 杨明, 译. 北京: 商务印书馆, 2018: vii.

❹ 章凯业. 版权保护与创作、文化发展的关系 ［J］. 法学研究, 2022, 44 （1）: 205 – 224.

"作者"与"作品"的法律用语后，我们仅剩"创作行为"这一客观存在的历史性概念。此时，对创作行为的本质进行探索，有助于我们打开著作权法理念研究的大门。除此之外，研究创作行为的变化，也有助于我们对著作权法的发展脉络和走向有一个更为清晰的认知。

总体而言，创作包含创作的动机（意图）、行为和结果。创作行为的动机是多种多样，因人而异的。有无意识的创作和有意而为之的创作；有追逐商业利益的创作，也有实现突破自我的创作；有争名逐利的创作，也有淡泊名利的创作；有希望世人皆能知晓的呐喊性创作，也有内心独白似悄无声息的创作。创作意图与动机相近，也是创作行为人内心的一种主观期盼，即希望创作结果可以呈现某种样态或体现某种情感。不论有心或无意，创作动机和意图都仅是创作行为人内心世界的感受，旁人无法一窥究竟。在著作权法视域下，仅通过行为和结果，才能对动机和意图进行反向倒推。因为只有积极的行为和最终的结果，才能被他人所感知。

创作的具体行为往往表现为对创作素材、创作形式、创作内容等的选择与表达。具体的行为有时会受动机或意图的影响，❶并在素材、内容、形式等的不同结合下形成不同的样貌。在创作过程中，创作素材主要包括自然与非自然的内容。自然素材来源本是无限的，但无限的素材也总有耗尽的一天，特别是当非自然素材成为他人竞相学习和模仿的对象时，创作行为的起点似乎发

---

❶ 当然，有时也可能是无意的行为，比如巨响惊吓下的手部抖动行为，或者执行意图时的失误行为，有意或无意都有可能对具体创作行为产生影响。

生了改变。

　　早期的创作往往被人们视为从自然中寻求对素材的模仿，❶
因为自然的真实是最高的，对自然真实的追求并非创作，而是一
种"模仿"行为。❷ 创造性在那时被理解为改良而非原创，即创
造性是创造性的模仿。❸ 在这一观念的指引下，实际上也仅有
"神"才能真正地进行无中生有的创造。❹ 在文艺复兴时期，此
种来源于自然的并非创作而是模仿的观点，才得以改变，但似乎
又变得有些极端。比如，最早呼吁立法保护作者财产权利的作家
之一约瑟夫·艾迪生，也是最早宣称独创性写作优于模仿作品的
评论家之一。他认为对最好作家进行的模仿，也无法与好的原创
作品相比。❺ 此种观点很快便有了燎原之势，越来越多的人认
为，只有少数天才才能进行创作，他们的写作是致力于产出新思
想的；而大量的模仿性写作仅是一种"制造"，相应的写作者实
际上只是用笔做苦工的人，或是文学的制造工人。此时，作品不
再是对自然的模仿，而是天才艺术家独创性的体现。我们可以理
解的是，在那样一个缺乏著作权保护的时代，作者对于无偿使用
自己作品获利者的强烈不满。也可以理解在著作权寻求合理性解

---

❶　比如，对汤姆逊的评价是："汤姆逊的方法是直接去大自然中寻求资料，然后再
　　带入自己的独创性思想和情感，结果是将我们熟悉的对象以全新的形象展现出
　　来。"罗斯. 版权的起源 [M]. 杨明，译. 北京：商务印书馆，2018：129.
❷　比如，柏拉图就认为人类不能制造事物的本质，所以不能制造实在，而只是制造
　　一种像实在的东西。柏拉图. 理想国 [M]. 郭斌和，张竹明，译. 北京：商务
　　印书馆，1996：390.
❸　波斯纳. 论剽窃 [M]. 沈明，译. 北京：北京大学出版社，2010：63.
❹　李琛. 著作权基本理论批判 [M]. 北京：知识产权出版社，2013：60.
❺　罗斯. 版权的起源 [M]. 杨明，译. 北京：商务印书馆，2018：130.

释时，以人的独创性和作品价值为文学财产保护连接点的必要性。但仅有天才才能进行创作，并不比对所有从自然得来的素材进行创作都只是模仿的观点更具先进性或合理性。而正是此种独具浪漫主义色彩的作者观，成为自然权利论，特别是其中作者权体系的最为主要理论依据。

模仿与创作，不论是在著作权发展史中，还是在现代著作权法实践中，实际上都与创作素材相关。创作素材的选取，一方面取决于创作意图，另一方面也会影响创作结果。除了在自然素材基础上的创作外，以他人作品为素材进行的创作虽有争议，但也逐渐发展为作品产生的常态。此时，我们不禁要思考，利用非来自自然的素材，即对来自他人作品的素材进行的"创作行为"一定是模仿吗？退一步讲，即便是一种模仿，那么模仿一定是一种弱于创作或一种具有负面评价的行为吗？

这些问题的答案，仅从创作素材这一角度进行分析，恐怕是不够的。因为创作行为实际上还包括创作形式与内容的选取和表达。相对于创作意图和创作素材而言，创作形式和内容的可被感知性更强。具体的形式和内容表达，是创作结果的重要组成部分。比如，针对自然素材的有意识创作行为，往往会在创作之初就选择想表达的形式，文字、绘画、音乐或其他。如果是绘画，则要思考绘画的形式，如水墨或油画、抽象或写实、简洁或复杂。此时我们所说的形式，是广义的形式，包含作品的种类以及每种作品的不同形式。对内容的表达，也会随着创作行为逐渐显现。比如油画，在画布上铺满深蓝色背景，其中有星星点点的浅蓝，远远望去像是夜空。随后，画布上又多了几道淡蓝色的波纹，近看发现是深夜中无风的海面。接着，画布上又出现了许多纵向与圈状的黑色线条，恐怕此夜不再风平浪静。最终，画布上出现了一块斑驳的木板，而木板的边缘隐约望见一只瘦弱的手。此时，随着创作行为的开始和发展，创作内容得以慢慢呈现。正是此种，不同素材（大海、狂风、木板和人）的选取和形式（油画、写实）、内容（夜晚狂风下海里挣扎的人）的表达与展现过程，构成了作者的完整创作行为。

随着创作行为的结束，画作最终被定格在了此处。此时，创作结果完全呈现在我们面前。创作结果往往是一种可以呈现独创性的表达。独创性表达是作者在创作行为过程中产生的个人的独创性，并将其表达为一种可被人感知的样态。创作动机或意图不同、行为不同，产生的结果自然不同。只要具备创作的行为，哪怕动机与创作无关，或没能达成原始动机，并且行为中将体现个性化的思想予以表达，就足以满足著作权法的独创性要求。独创性显然与原始的创作意图无直接关联，更多的是行为中体现的个性化表达。而个性化表达并不是一个程度性的内容，更应当是一个事实性的内容。正如学者指出，"作品的原创性意指作者的创作行为创作出个性作品，强调的是作者的创作行为与作品之间的产出关系，并不评价创作成果是否满足特定标准。"❶ 这一观点也恰好印证了独创性判断与创作高度无关。

试想一下，如果前述绘画过程，并非自然素材的选取，而是基于一部小说中描绘的内容，比如有人刚刚读完这一场景，灵感

---

❶ 卢海君. 著作权法语境中的"创作高度"批判［J］. 社会科学，2017（8）：95－104.

闪现，才进行如上绘画。此时，作品还是否具备独创性呢？该创作行为是原创还是演绎性的创作呢？上述绘画的法律性质（是否是作品），是以创作意图为标准进行衡量，还是创作行为抑或是创作结果来衡量呢？再试想一下，如果小说中描绘的内容并非在黑夜，而是艳阳高照的白天，上述问题的答案会有所不同吗？又或者绘画的灵感不是来源于小说，而是一首钢琴曲或一张简单的素描呢？此时答案会发生变化吗？如果说作品本身的独创性与作品创作行为（意图、素材、形式、内容、结果）之间的关系是一个问题，作品是原创还是演绎是另一个问题，那么独创性与原创和演绎又是什么关系呢？

模仿与创作，是著作权保护历史中出现的与作者和作品极为相关的内容。而独创性是立法语言的最终选择。创作行为是作品产生的起点，也是独创性得以体现的关键。但创作行为本身是极为复杂的行为，不仅意图无法揣测，而且结果往往也不可预计。实在的行为本身，又会因素材的选取涉及自然创作（原创）或对他人作品的模仿。❶ 由于作品的使用者更为广泛地参与到作品的创作中，因此大众参与创作和传播的趋势，打破了过去产业对文化生产和传播的垄断，同时还模糊了信息生产者和消费者的区别。❷ 如今，针对非自然要素进行的创作行为越来越多，我们便不能再选择性地忽略上述问题。更不能像过去一样简单地将所有自然创作都视为模仿，抑或将绝大部分创作视为低级制造，而仅

---

❶ 此处暂时称为模仿，下文将从演绎视角进行解读。

❷ 章凯业. 版权保护与创作、文化发展的关系 [J]. 法学研究，2022，44（1）: 205 – 224.

追捧少数天才的创作。我们应当如何看待模仿与创作的关系，这决定了著作权法理念的确立，更会影响著作权法律制度整体走向。

二、原创与演绎

数字化和智能化丰富了商品生产和流通的各个环节，文化领域自然也受到了波及。这一影响实际上比我们的预计还要深远，仅传播模式的转变和更替，显然不足以概括。创作模式的转变才是最令人吃惊的，最直观地体现在，大众参与创作的热情和规模。正如有学者的研究指出，信息社会主流的文化形式，从过去的固定文本转变成"重混"（remix），即每个人都参与到其他人的创作活动中，同时将自己的更改添加进共同的主题，将自己的作品分享给共同体，如此反复，永无止境。❶ 创作模式的转变产生了许多新型的创作行为，随之而来的是创作行为扩张对著作权法理念与制度的影响。在研究新型创作行为之前，先对传统的原创与演绎行为进行一个基本的分析。

从传统意义来说，源于自然素材的创作行为更容易被认定为原创，而源于他人作品的创作很可能被视为模仿。因为在现代著作权法的语境下，具有独创性表达的被视为作品，而利用他人作品进行创作产生的新作品被称为演绎作品。按照此种观点对前文中的问题进行解答，答案似乎是明显的。依照他人小说描绘内容

---

❶ LESSIG L. Remix: Making Art and Commerce Thrive in the Hybrid Economy [M]. New York: Penguin Press, 2008: 57 – 68.

进行的绘画，更符合我们对演绎行为的理解。此时在绘画人的创作行为中，创作形式与原作品相比有了变化，即从文字作品转变为美术作品。而从文字作品转变为美术作品的绘画过程中，必然要加入绘画人的构思和安排，因而该绘画作品具备独创性。如果绘画与小说描写内容不完全相同或者有所变动（白天与黑夜的区别），则也很可能被理解为演绎行为，绘画创作行为在创作形式和创作内容上都有所变化，体现出的独创性表达距离原作品的独创性表达更远一步。如果是基于音乐作品的绘画创作，恐怕新创作内容距离原作的独创性表达更为遥远。因为音乐的表达形式与文字表达形式，被人感知的直接性或者程度不同。音乐作品的表达除了乐谱之外，被大众欣赏时的所谓表达更具抽象性。不同人对相同音乐作品的感受相比对相同文字作品的感受，区别可能是更大的，更别说将此种感受通过绘画作品予以表达。针对对音乐作品的感受进行的绘画，我们很难说明该音乐作品被利用的是表达而非思想。而基于原本即为绘画形式的素描，仅进行颜色上的填充或简单的线条重构，别说原创或演绎作品了，恐怕该行为本身的独创性都会遭到质疑。

前文已经提到，创作行为是一个以创作目的（或意图）为开始，以创作素材、形式、内容的选取与表达为具体行为的创作过程，最终形成创作结果（具体作品）的有机体。虽然结果呈现了独创性，并且意图也可能是独创性的重要来源，但独创性表达最直观地体现在具体的创作行为过程中。原创与演绎行为的上述问题及答案，涉及了众多环节，其中最为重要的就是独创性与表达。创作行为恰好就是独创性表达的融入过程与体现载体。因此，在创作行为中探求原创与演绎行为的独创性与表达，是必要且可行的。

上述看似简单的结论，其实还蕴含着一个预设的前提，即在后的创作行为会被视为对已有作品的演绎行为。而通过上述内容的分析，我们似乎也感知到了一个现象，即在后创作行为如果在素材选取时没有照搬原作品的全部，或者在创作形式和创作内容方面进行了变化，则在创作结果上会反映出与原作品独创性表达的疏离。就像思想/表达两分法很必要，却难以界分一样。在后作品的独创性表达与原作品的独创性表达间，距离究竟要多么遥远，才足以使在后作品摆脱原作品的影响，独立成一个全新的原创作品，又是一个令人无法简单划定界限并给出答案的问题。但至少有一点可以肯定，那就是利用他人独创性表达的创作才是演绎行为，仅利用他人独创性思想的，或者看不出原作品表达的新的独创性表达，不被认为是一种演绎行为，而可以被视为一种原创行为。此时，原创与演绎行为的区别就被揭示出来，即作品独创性表达中，是否包含他人的独创性表达：如果不包含，则一定是原创行为；如果包含，则需要视情况而确定了。

在后创作行为均是演绎行为的观点，或者模仿行为一定比原创低劣的观点，实际上是对在后创作者的不公。因为任何创作或多或少都会受到他人作品的影响。特别是随着社会发展的变化，人们获取作品能力得到了显著提高，阅读时间也逐步增多。接触的作品越多，被已有作品影响的机会就越大。放空所学、所见，在创作时完全屏蔽他人作品或不被已有作品影响，这听上去有些天方夜谭了。结合前文探讨的内容亦可得知，并非所有的创作均为原创，特别是早期的创作行为也往往被视为模仿。模仿或在后创作并非均是著作权法中的演绎行为，也有可能是原创行为。即便是演绎行为，演绎创作的作品质量或艺术价值也不一定就比原创作品更低。特别是当作品被改造得更好时，原作作者往往并不会觉得自己作品被借用就是一种剽窃。比如《项狄传》大量抄袭了《忧郁之剖析》，但仍然是一部伟大的作品。再如艾略特的长诗《荒原》，被誉为 20 世纪的文学巨作，也是对前人作品的一连串引用。❶ 可见，模仿行为（或演绎行为）是可以创造出异于原作品的价值，也可能创作出优于原作品的新作品。

好在法律制度并没有禁止利用他人作品进行创作，也没有给独创性以较高的要求，并且至少在立法语言层面对创作进行了鼓励。❷ 创作行为从开始的原始创作，发展到现今人人参与的演绎创作，不断扩张。这是一种现象，即一种技术和社会发展共同作用下的必然趋势。如果某种新事物会威胁到一些既得利益者的利益，则必然会招致阻拦。然而，历史的经验告诉我们，无论是蒸汽机的发明引发的第一次工业革命，还是电气时代开启的第二次工业革命，技术均不会为被取代的落后生产力而停下脚步，文明的发展更不会为保守的文化而停滞不前。若著作权法试图阻止创作行为的扩张，恐怕也只是螳臂当车。如何正确引导扩张的创作行为，使之符合当下的著作权法理念，才是当务之急。

---

❶ 当然，也有学者称此种行为为"用典"，即创造性模仿的一种技术。波斯纳. 论剽窃 [M]. 沈明，译. 北京：北京大学出版社，2010：63 - 66.

❷ 我国《著作权法》第 1 条规定："为保护文学、艺术和科学作品作者的著作权，以及与著作权有关的权益，鼓励有益于社会主义精神文明、物质文明建设的作品的创作和传播，促进社会主义文化和科学事业的发展与繁荣，根据宪法制定本法。"

第二节 创作行为的扩张

前文指出了创作行为对于著作权法的重要意义，并探讨了演绎创作与原创的区别。虽有不公，但二者间存在着独创性表达的包含关系，却是一个不争的事实。客观上正是创作行为产生了作品，才有了著作权法要保护的客体。创作行为可以来源于极具文学素养的天才，亦可来源于衣衫褴褛的拾荒者，因为创作源于人类的天性。将创作行为源于人类天性作为标签，并将作品这一智力成果产生根源描绘为人格的外化，成为保护知识产权合理性论证的重要依据。纵观著作权法的历史演进不难看出，创作行为的出现首先表现为原创，随着传播技术的发展，逐渐产生翻译、改编等具体演绎性的创作形态，进而产生演绎性创作行为。从简单地对作品进行复制性利用，发展为演绎性利用，可以说是传播技术发展带来的著作权扩张。从创作行为扩张这一现象不难发现，演绎性的创作行为本身离不开对前人作品的传播和利用，即作品的产生源于创作，演绎作品的产生源于对原创作品的演绎性利用。而随着大众创作的兴起，传统的创作与演绎行为显然不能满足人们的创作需求，新型的创作行为不断产生，并有了扩张之势。

一、从原创到演绎的传统扩张

在著作权法中传统的创作行为，一般是指人们进行的独创性表达，比如，学者撰写学术论文，作者创作一本小说，音乐家完成一个曲谱，艺术家进行绘画，书法家挥毫泼墨等。而演绎创作行为是利用已有作品进行创作，比如，将上述学术论文汇编成册，将上述小说翻译成他国语言，对音乐家的曲谱进行改编，将艺术家的绘画改编成动画片等。依照传统的创作行为所产生的作品是著作权法中规定的一般作品，而依照演绎行为产生的作品即为演绎作品。演绎作品是一种基于已有作品而形成的特殊作品，特殊之处在于它是依赖前人作品进行再创作后的作品。❶ 如果利用已有作品产生出了演绎作品，演绎作品相对于原作品而言，本身就是一种增值利益的体现。❷ 有了新的利益，自然需要进行新的分配。如何确保分配的制度化运行？著作权法随即将传统的著作权从复制权扩张到了翻译权、改编权等。从对复制性利用的保护扩张到对翻译、改编等演绎性利用的保护，是创作行为从原创到演绎的扩张结果。然而法律对演绎作品的保护并非天然存在，保护程度亦非一成不变。演绎作品自产生之初，就成为各方利益主体竞相争夺的对象。立法保护演绎作品的初衷究竟为何？司法实践背后蕴藏着怎样的分配逻辑？法律又是如何对演绎作品的利益在原作者与演绎人之间进行衡量和分配的？这些问题值得我们深入研究。

虽然演绎行为产生了新的作品（演绎作品），看似是对作品

---

❶ 田村善之. 日本知识产权法：第 4 版 [M]. 周超，李雨峰，李希同，译. 张玉敏，校. 北京：知识产权出版社，2011：412.

❷ 曾青未. 论作品增值利益的分配 [J]. 苏州大学学报（哲学社会科学版），2016，37（6）：67 - 75.

的有益利用，不仅带来了新的创作和作品，而且带来了相应的利益，但事实上，为了保护原作品权利人权利，法律又赋予了权利人以演绎权，用来保护其对演绎性利用产生利益的获取。可以看出，演绎行为这一针对原作品的演绎性而非复制性的利用行为，产生了新的市场价值，即演绎作品产生的利益。原作品权利人似乎觉得，此种非复制性利用产生的利益也应当由其享有。此时，传说中的利益平衡原则，并没有被用以重新衡量原作品权利人和在后创作人以及社会公众的公共利益，而是习惯性地遵循著作权法保护轨迹，将对作品利用中一切形式的权利一步步地赋予了权利人。此时的演绎权，与其说是对原作品权利人的赋权，不如说是对在后演绎性创作人权利的限制。从这一角度看，整体的著作权法与其说是对权利人的赋权，不如说是对非权利人的限权。因为在著作权法产生前，社会公众均可无须获得授权即可免费使用作品，而在著作权法产生后，对于保护期限内作品的使用，一般情况下是需要许可和支付费用的。同样，在演绎权产生前，原作品权利人仅控制对其作品的复制性权利，而演绎权保护后，在后的演绎行为也受到了原权利人掌控。原本仅控制原有表达的权利，扩张到了没有边界的内容或形式的改变上。此种情况不由得使人担忧，创作行为的扩张引起的权利扩张，会不会引发利益分配的失衡？

虽然演绎行为的出现，可能对私利与公益间的平衡产生影响，但我国学界对演绎行为、演绎作品和演绎权的探讨，却热衷于对未经许可或称非法演绎创作后，演绎作品的消极保护问题。● 鲜有对演绎权设立的合理性、演绎作品本身内容的界定以及对演绎行为本质问题的探讨。● 可以说著作权法保护的已有模式和制度路径对立法和司法的影响，已经蔓延到理论研究中。如果不能摆脱旧有法律理念、权利体系等的限制，那么我们只能继续在偏离的轨道上越行越远。

二、新型创作行为的继续扩张

演绎行为的出现，相对于原创而言，是创作行为的首次扩张。立法和司法实践均努力地针对现有的演绎行为进行认定和相应的权利保护。但是，一些新型创作行为产生的新作品，仍然只能努力在夹缝中求生存，在个案中主张权利，希望可以获得法律上的身份认可。更为常见的是原作品权利人，针对各种新型创作行为可能产生的侵权问题据理力争。前者体现在音乐喷泉、网络

● 对未经许可进行演绎行为产生作品应当如何保护的问题，许多学者进行了研究。总体而言，学者们认为虽然未经许可，但"非法演绎"者依然可以行使消极的权利，制止他人对演绎内容非法使用。刘银燕. 未经许可的演绎作品著作权问题研究 [J]. 河南财经政法大学学报，2021，36（1）：103 – 110. 杜牧真，李仁玉. 未经许可创作的演绎作品著作权保护探析 [J]. 知识产权，2018（12）：68 – 73. 张书青. 非法演绎作品后续利用行为的侵权定性 [J]. 电子知识产权，2018（3）：84 – 92. 邱宁. 在合法与非法之间：未经许可创作的演绎作品之著作权辨析 [J]. 法学杂志，2012，33（4）：143 – 146. 黄汇. 非法演绎作品保护模式论考 [J]. 法学论坛，2008（1）：129 – 135.

● 有学者从著作权法中作品的表达层次入手，将受保护的表达分为表达的最终呈现形式和作品中受保护的独创性构成元素两种，并指出前者是复制权的"领地"，后者是演绎权的"国土"，以此界定演绎权的保护范围。梁志文. 论演绎权的保护范围 [J]. 中国法学，2015（5）：140 – 157.

游戏等新型创作成果，能否被认定为作品的争论。而后者主要体现在短视频与长视频之争的系列案件、"游戏换皮"的系列案件、"同人作品"及"洗稿"行为的争议等。

　　之所以有这样的现象，首要原因是在传统的创作行为下，作品早已被类型化为现有法律中规定的样态。比如我国《著作权法》修改前，在第3条中将作品类型规定为："（一）文字作品；（二）口述作品；（三）音乐、戏剧、曲艺、舞蹈、杂技艺术作品；（四）美术、建筑作品；（五）摄影作品；（六）电影作品和以类似摄制电影的方法创作的作品；（七）工程设计图、产品设计图、地图、示意图等图形作品和模型作品；（八）计算机软件；（九）法律、行政法规规定的其他作品。"此种看似全方位，甚至略带交叉的类型化规定，实则束缚住了创作行为及其产生的作品。比如，音乐喷泉的纠纷案件，就体现出了此种类型化的不足。❶ 当然，在我国《著作权法》进行修改后，此种作品类型化不足的问题，可能得到了一定的缓和。因为修改的《著作权法》在第3条第9项中明确规定，符合作品特征的其他智力成果也予以保护。❷ 然而，在处理新创作行为产生的新作品纠纷时，就毫无违和了吗？其实不然。

　　除了作品定义和类型化外，著作权的权利内容和限制内容

---

❶　参见：北京知识产权法院（2017）京73民终1404号民事判决书。

❷　《著作权法》第3条规定："本法所称的作品，是指文学、艺术和科学领域内具有独创性并能以一定形式表现的智力成果，包括：（一）文字作品；（二）口述作品；（三）音乐、戏剧、曲艺、舞蹈、杂技艺术作品；（四）美术、建筑作品；（五）摄影作品；（六）视听作品；（七）工程设计图、产品设计图、地图、示意图等图形作品和模型作品；（八）计算机软件；（九）符合作品特征的其他智力成果。"

的规定，也使得法院在处理相关案件时左右为难。当人们还沉浸在利用手机终端享受碎片化的观看体验时，一些具有著作权的视听作品权利人早已摩拳擦掌，纷纷向各类平台投诉并且向法院起诉，试图制止那些未经许可的作品传播。对于将电影或电视剧进行简单切条、搬运、传播的短视频而言，相应行为的侵权认定较为简单。在诉讼中权利人不必大费周章地进行说理，只要及时固定证据，其侵权指控一般都可以得到支持。然而，针对诸如"5分钟看完一部电影""某某带你看大片"等的"二创短视频"，在短视频侵权与否的认定上，就不那么容易了。如果二创短视频同时集合多部作品，或传播手段是直播，则无论是两部作品实质性相似认定，还是侵犯何种权利的认定，都更加困难。特别是当被诉侵权作品的制作者声称其是合理使用原告作品时，合理使用的判断更是成为案件判决结果的决定性因素。此时，合理使用抗辩逐渐成为著作权侵权纠纷案件中被告惯用的抗辩理由。

如果包含了新作品类型的认定、复杂的实质性相似比对，以及似是而非的合理使用行为，则对于在后作品的侵权认定，无论做何种结论，恐怕都会掀起理论界的广泛热议。实际上，此种假设已经成为现实。在我国，已有关于利用他人作品的角色养成系统、玩法规则等而创作的网络游戏，再被他人利用而产生新的网络游戏，而在后网络游戏是否侵权的现实案例。❶ 可以说，对于某一现实争议背后的理论问题进行研究，是法学研究最为常见的

---

❶ 参见：浙江省高级人民法院（2019）浙民终709号民事判决书。

一种思路。然而，有时现实问题背后涉及的理论难题不止一种，甚至不止几种，而是系统性的、体系性的。

创作行为的扩张，本应当是一件值得称赞的幸事，因为此种扩张符合大多数国家著作权法宣扬的立法本意——保护创作。或者说新的创作形式的出现或新型作品的出现，应当是一件利于满足人们日益增长的精神文化需求的益事。然而，随着创作行为的扩张，现实中出现了新作品无处安放，原作品权利人却四处张望的现象。这样的现实让我们忍不住思考，随着演绎行为的不断发展，创作行为进一步扩张，新作品及新的作品利用方式不断涌现，作为调整由作品创作和使用而产生的人身和财产关系法律规范的著作权法，应当如何应对呢？

著作权法同其他法规规范一样，都包含理念与制度。其中，著作权法的理念是一个多面向的概念，经常与其他词语搭配使用，比如，立法理念、❶ 制度理念、❷ 保护理念、❸ 价值理念❹等。在对著作权法理念进行研究时，被提及最多的是版权主义理念和作者权主义理念，❺ 也有人称为功利主义激励理念和作者权

---

❶❹ 周作斌，刘凡. 著作权立法理念的历史考察 [J]. 西安财经学院学报，2003 (2)：54–58.

❷ 郭蓉. 数字出版中版权保护理念核心的转变 [J]. 成都师范学院学报，2014，30 (1)：63–66+90.

❸ 殷少平. 论互联网环境下著作权保护的基本理念 [J]. 法律适用，2009 (12)：32–38.

❺ 费安玲. 论著作权的权利体系构成的制度理念 [J]. 科技与法律，2005 (2)：38–46.

理念❶。除此之外，还有具体的理念，如利益平衡理念、❷ 分享理念❸等。随着时代发展和技术进步，理念的转变也逐渐走入人们的视野，相继出现了复制到传播的保护中心的理念转变，❹ 以及创作者保护回归理念❺。著作权法理念本身包含的内容并非简单的线型结构，多层次多面向的著作权法理念本身已经十分复杂，特别是其中蕴含的价值追求，又可能跟随技术进步和社会变化而改变。如何在纷繁复杂的著作权法现象和内容间，确立符合我国发展的著作权法理念，并建立与之相符的制度，是极具现实意义的。在著作权法理念确立后，如何指引具体制度的构建也是创作行为扩张后需要思考的内容。广义的著作权法制度还包含着著作权 - 邻接权体系、版权与作者权体系等。狭义的著作权法制度，包含传统"三要素"结构，即以作者、作品和权利为核心的著作权法体系，以及由此形成的具体制度规则，如作品独创性

❶ 谢晴川，何天翔. 论著作权法对"创作者特权"的确认与限制：以"鬼吹灯"案中的作者续写权利主张为切入点 [J]. 交大法学，2020 (4)：65.
❷ 李勇军. 论著作权法的理念 [J]. 社会科学研究，2015 (2)：92 - 97. 郭剑寒，宋思宇. 意思自治：数字时代维持著作权利益平衡之核心理念 [J]. 宁夏大学学报 (人文社会科学版)，2007 (5)：69 - 74.
❸ 饶世权. 网络短视频产业的法治治理：理念、规则和机制——以著作权分享为视角 [J]. 中国编辑，2021 (1)：14 - 20. 王晶，钟紫红. 著作权新理念下创造性作品的保护与共享：知识共享组织及其许可协议 [J]. 中国科技期刊研究，2008，19 (2)：243 - 247. 程文豪. 著作权保护与数字教学资源共享的合理性、矛盾及解决思路探析 [J]. 柳州师专学报，2008 (1)：90 - 94. 高雅文. 版权保护对象合理扩张路径思考 [J]. 中国出版，2023 (9)：49 - 53.
❹ 吕炳斌. 数字时代版权保护理念的重构：从以复制权为中心到以传播权为中心 [J]. 北方法学，2007 (6)：127 - 131. 郭蓉. 数字出版中版权保护理念核心的转变 [J]. 成都师范学院学报，2014，30 (1)：63 - 66 + 90.
❺ 初萌. 元宇宙时代的版权理念与制度变革 [J]. 知识产权，2022 (11)：110 - 126.

判定规则、思想/表达两分规则、作品侵权判定中的"接触+实质性相似"判定规则以及侵权抗辩的合理使用规则等。如何对著作权法的理念进行诠释，构建符合该理念的具体制度内容，也是理论研究不能忽视的重要内容。

本章小结

本章意在阐明著作权法视域下创作行为扩张造成的影响。从历史角度探源，虽然作者是被动地成为著作权法保护权利的起点，但依现代著作权法的权利体系构成理论，作为保护对象（或客体）的作品，依然源于人类的创作行为。剥离用以粉饰保护商业利益的"作者"与"作品"的法律用语后，我们仅剩"创作行为"这一客观存在的历史性概念。此时，对创作行为的本质进行探索，有助于我们打开著作权法理念研究的大门。由于著作权法的起点是创作行为，明确创作行为与著作权法的关系，可以界定著作权法中的原创和演绎行为。从传统意义来说，源于自然素材的创作行为更容易被认定为原创，而源于他人作品的创作很可能被视为模仿。因为在现代著作权法的语境下，具有独创性的表达被视为作品，而利用他人作品进行创作产生的新作品被称为演绎作品。在后创作行为均是演绎行为的观点，或者模仿行为一定比原创低劣的观点，实际上是对在后创作者的不公。如何正确引导扩张的创作行为，使之符合当下的著作权法理念，才是当务之急。

在此基础之上，本章对创作行为的扩张进行现象及本质的梳理和阐释。对创作行为变化内容的研究，有助于我们对著作权法的发展脉络和走向有一个更为清晰的认知。通过确认创作行为和著作权法律关系的紧密联系，对创作行为的扩张影响进行分析，进而指明创作行为的扩张必然会对著作权法的理念和制度产生影响，提出本书意欲解决的问题。即如何在纷繁复杂的著作权法现象和内容间，确立符合我国发展的著作权法理念，并建立与之相符的制度，是极具现实意义的研究。在著作权法理念确立后，如何指引具体制度的构建也是创作行为扩张后需要思考的内容。如何对著作权法的理念进行诠释，构建符合该理念的具体制度内容，是理论研究不能忽视的重要内容。以上内容的研究，为后文理念转变和制度重塑内容的开展进行了有益的理论铺垫。

第二章

著作权法理念的确立与转变

　　"著作权理论应当对作为制度基础的种种价值建构保持一种自觉,对这些建构与现实的关系作经常性的反思。"❶面对创作行为的扩张,以及由此产生无处安放的作品和四处扩张的权利,著作权法的理论研究需要进行深刻的反思。当现实中的创作行为不断扩张时,著作权法的理念追求及制度构造,是否符合新技术和新时代的发展需求?当旧有理念遇到新的挑战无所适从时,"年轻"的著作权法当何去何从?我们需要不断追问,著作权法的理念究竟应当是什么?何种理念转变方可适应当下的技术变革与社会发展?新理念又当如何指引制度构建,确保法律实施顺畅?本章将对这些问题进行探讨,以寻求答案。

---

❶ 李琛. 著作权基本理论批判 [M]. 北京:知识产权出版社,2013:2.

第一节　著作权法理念的确立

　　关于著作权法的理念，学界并没有形成一个统一的概念。实际上，针对著作权法理念进行的专门研究并不是很多。该主题的探讨主要集中在广义和狭义两个角度。广义的著作权法理念，是从著作权法的发展脉络、合理性论证或与民法关系等角度，对著作权法的保护理念或立法理念进行梳理和归纳。而狭义角度的研究，则是从具体的理念内容出发，将其运用于制度设计，切实发挥著作权法理念的指导作用。除此之外，研究著作权法理念转变的文章，则多集中于著作权保护中心的转变以及向过去理念的回归。著作权法的学者在对理念进行研究时，大多会同时使用著作权法的"保护理念"、"立法理念"、"制度理念"以及"价值理念"等词语。❶ 很多情况下，上述用语均是可混用的同义替换词。

　　著作权法的理念是一个看似清楚，实则可包罗万象的概念。现如今已形成的理念内容，是如何呈现当下的样态，值得进行研究。关于著作权法理念的形成，在广义的著作权法理念研究中有所涉及。学者们从历史维度，以著作权法产生过程中的版权主义和作者权主义理念及相应的功利主义、作者权理念等角度进行了

---

❶　例如关于著作权法的理念，尽管费安玲教授的文章题目为制度理念，但探讨的问题实则为立法理念。参见：费安玲. 论著作权的权利体系构成的制度理念 [J]. 科技与法律，2005（2）：38 - 46.

分析，并明确著作权法理念有指引立法和司法实践的功效。关于知识产权领域的研究，为何要追溯历史，彼得·德霍斯教授曾给出了答案。他认为总体而言因为历史影响哲学，具体而言原因有三。首先，一些可以用来分析问题的哲学理论，需要以历史为依托。其次，历史会对相应的经济学分析，或逻辑推理分析产生影响。最后，必须对所使用历史资料的范围加以界定以适应目前的需要。❶ 从历史发展看著作权法的理念，是多数学者选择的研究路径，也是本书开启著作权法理念形成研究的起点。

一、自然权利与功利主义的保护理念

"理念"一词，最早是由康德从哲学引入法律领域的。❷ 黑格尔随后又将理念与法进行了结合，提出了法律理念这一概念，他认为法的理念，即法的概念及其现实化，是自由。❸ 当然，学者们对法律理念有着各自不同的看法。虽然黑格尔将其视为自由，但博登海默就认为，法的理念是正义的实现。❹ 从上述不同学者的观点可以看出，法的理念包含了自由或正义的价值追求，以及现实化的要求。正如孙笑侠教授指出，"理念的价值是潜在

---

❶ 德霍斯. 知识财产法哲学 [M]. 周林，译. 北京：商务印书馆，2008：24 – 25.

❷ 康德在《纯粹理性批判》一书的"泛论理念"一节中对柏拉图的"理念"进行详细的评析后，专门论述了"理念"对"制定宪法及法律"的作用。康德. 纯粹理性批判 [M]. 李秋零，译. 北京：中国人民大学出版社，2004：285.

❸ 黑格尔. 法哲学原理 [M]. 范扬，张企泰，译. 北京：商务印书馆，1961：1 – 2.

❹ "法律理念乃是正义的实现。正义要求所有的法律努力都应当指向这样一个目标，即实现在当时当地的条件下所可能实现的有关社会生活的最完美的和谐。"博登海默. 法理学：法律哲学与法律方法 [M]. 邓正来，译. 北京：中国政法大学出版社，1999：173.

的，理念的作用不是立竿见影的，它超越于人和制度之上。只有在功利主义者看来，它才是没有实际意义的。"❶ 法的理念与价值，是两个不同的概念。相较于客观属性的价值，法的理念更具主观性。它是一种存在于观念中的，需要借助制度等现实规则的制定和利用，方能将其功能、价值这类客观标准予以体现的概念。❷ 法的理念不能脱离价值，没有价值理性指引的理念只能是一种机械的规则主义。同时，法的理念也不能脱离现实。缺少外化，仅停留于认知层面上的理念也就失去了存在的意义。❸ 除了价值的实现外，法的理念还是整体性的或称最高性的。比如我国学者在对法律理念这一概念进行理解时，往往从法律的制定和整体性的角度进行认识。史尚宽教授认为："法律制定及运用之最高原理，谓之法律之理念。"❹ 李双元教授指出："法律理念就是

---

❶ 孙笑侠. "权利本位说"的基点、方法与理念：兼评"法本位"论战三方观点与方法 [J]. 中国法学，1991（4）：48-53.

❷ 王申教授对法的理念进行研究时指出："法的理念与法的价值是不同的两个概念：法的价值具有客观性，法的理念则是主观的；法的价值需要人们去实际利用才能实际释放，在此之前，它只是法的一种属性、可能性，虽然它是客观存在的；法的理念则必须由人们藉助某些事物的功能、价值，使之由主观的变为客观的，此前它只是一种法的观念，仅存在于人的头脑之中。"王申. 理念、法的理念：论司法理念的普遍性 [J]. 法学评论，2005（4）：13.

❸ 李双元教授等指出："法律理念形成后，不可能永远停留在认知形态上，必须外化才有意义。当社会生活对法律的客观需要转化为立法动机后，就要将这种法律动机转换为现实的法律规范。立法者通常运用法律理念对调整社会关系的法律模式进行评判和优化选择，使之客体化、定型化和制度化。"李双元，蒋新苗，沈红宇. 法律理念的内涵与功能初探 [J]. 湖南师范大学社会科学学报，1997（4）：54.

❹ 他认为"依法之理念以指导立法及法之运用。故法之理念，不独为立法原理，而亦为法的解释之指导原理。……立法不依法之理念，则为恶法，窒碍难行。解释法律不依此指导原则，则为死法，无以适当社会之进展"。史尚宽，法律之理念与经验主义法学之综合 [M] // 刁荣华. 中西法律思想论集. 台北：汉林出版社，1984：259，272.

对法律的本质及其发展规律的一种宏观的、整体的理性认知、把握和建构。"❶ 史际春教授认为："所谓法的理念，是指对法的应然规定性的理性的、基本的认识和追求：从学术角度看，它是法及其适用的最高原理，从实践看，它是社会成员及立法、执法或司法者对待法的基本立场、态度、倾向和最高行为准则。"❷

综合上述国内外学者的研究，我们不难发现，在法律领域内，"理念"应当包含三个方面的内容：最高性、价值性和实现性三个标准。

反观著作权法的理念及其形成，作为知识产权的重要组成部分，著作权法向来充满争议，例如无形的知识财产如何获得完整的财产权，其财产权行使会不会影响他人对知识、技术等的需求和利用，会不会影响社会公众的利益等。这一系列的疑惑，都需要对知识产权这种无形财产权保护的正当性进行说明。知识产权保护的正当性问题，历史上先后出现了自然权利理论和功利主义激励理论等学说。而早期在自然权利理论的支撑下，著作权法的合理性貌似逐渐站稳脚跟。当然，对于版权法国家和作者权法国家，选择的自然权利根源的说理路径不同。❸ 版权法国家宣扬洛

---

❶ 李双元，蒋新苗，沈红宇. 法律理念的内涵与功能初探［J］. 湖南师范大学社会科学学报，1997（4）：53.

❷ 史际春，李青山. 论经济法的理念［J］. 华东政法学院学报，2003（2）：42–51.

❸ 费安玲教授指出：放眼世界，存在着泾渭分明的两种不同著作权体系模式。这两种模式分别为仅设定财产权体系的"一元化模式"与分别设定人格权和财产权的"二元化模式"。而具体模式是基于不同国家和地区的文化、经济、社会、政治等历史背景进行著作权法律制度的价值判断形成的，并指出这两种制度模式体现着不同的立法理念，即"Copyright主义"和"作者权利主义"。费安玲. 论著作权的权利体系构成的制度理念［J］. 科技与法律，2005（2）：38–46.

克的劳动财产学说，❶ 认为基于自然的劳动权利说，人当然可以对自己的智力劳动成果获得财产权，故建立起一个围绕作品利用，以及相关权利保护的版权体系。而作者权体系国家，则通过作品是人格的外化，❷ 建立保护基础，逐步发展成为以人身性和财产性权利为核心的作者权体系。随着版权体系和作者权体系的相继建立，著作权法的两大保护模式基本确立。此时，虽然受不同保护观念的影响，世界范围内出现了两种不同的著作权保护模式，但是这两种保护模式，均是建立在自然权利理论的基础之上的，即著作权是一项自然权利，法律仅是通过制度设计对其进行赋权，以便更好地保护。

随着技术的不断进步，知识产权进一步扩张，本已饱受争议的合理性论证，再次受到挑战。在知识产权领域内，特别是专利制度备受诟病。许多国家选择终止专利制度保护以平息争议。面对此种情形，著作权法的功利主义保护观念逐步占据主导地位，激励机制作为著作权法的工具性效用被推向理论前端。❸ 当然，虽同为合理性基础，但有学者指出功利主义激励理念与作者权理念之间存在着冲突。❹ 可以看出，版权体系保护理念对应的是作

---

❶ 洛克. 政府论：下 [M]. 叶启芳，翟菊农，译. 北京：商务印书馆，1964：19.

❷ 黑格尔. 法哲学原理 [M]. 范扬，张企泰，译. 北京：商务印书馆，1961：50.

❸ 比如，威尔斯法官在米勒诉泰勒案中提出了工具论观点，将财产与激励机制联系起来。他指出："对于任何国家而言，鼓励创作、鼓励学者努力从事研究活动都是明智之举。为达到此目的，最简单最平等的办法莫过于保障他们对其作品所拥有的财产权。"德霍斯. 知识财产法哲学 [M]. 周林，译. 北京：商务印书馆，2008：35.

❹ 在对作者权理念进行分析的同时，有学者指出：功利主义激励理念与作者权理念之间存在着冲突，在我国《著作权法》立法中也有所体现。谢晴川，何天翔. 论著作权法对"创作者特权"的确认与限制：以"鬼吹灯"案中的作者续写权利主张为切入点 [J]. 交大法学，2020 (4)：66.

者权体系保护理念，而相应地，功利主义的激励理念也与作者权保护理念相对。随即我们发现，版权法体系的保护理念随着时间的推移，至少在理论话语中，已经从自然权利保护理念中的自然劳动学说发展成为更具实用性的功利主义保护理念。

虽然研究中保护理念、立法理念、制度理念的称谓不同，但实际上指代的内容都是相似的，即在著作权法立法或制度设计时，或著作权法立法对权利进行保护时，遵循的一种理论或者观念。经由著作权法产生的历史，我们揭示出了著作权法的理念形成过程，最终著作权法的理念呈现了自然权利的保护理念与功利主义的保护理念。

二、保护对象的变化：作品—创作者—投资者

在著作权法出现前，有学者在研究早期现代社会关于"作者与其作品间的关系"问题时发现，作者的创作会被视为是对国家的贡献，作为回报，作者会被授予对自己作品的印刷出版特权。❶ 此种特权是作者基于创作行为获取的国家奖励，并非作者对作品财产权的确认。随后，书商为了便于获取出版、再版许可，并且以自己名义进行侵权诉讼，便游说立法机关将作品作为财产权保护对象，进行立法保护。早期，以自然权利保护理念为正当性依据，是因为保护客体的确认是文学财产争论中争议性较大的内容。无形财产权保护的是抽象的作品，还是承载作品的出

---

❶ 此种实践中的做法在英国至少一直持续到内战时期。罗斯. 版权的起源 [M]. 杨明，译. 北京：商务印书馆，2018：29.

版物，或是权利——不同保护客体的选择会影响著作权法保护的起点。从行为到物的保护对象确立，可以说是著作权法以财产权现身，用以调整由作品产生的社会关系基础。而出版商对出版物相应的财产性利益，以创作作品的作者为直接保护指向。这样一方面完成了私人财产的确立，利于授权和交易；另一方面，减少财产权设立的阻碍，便于通过立法保护附着于作者产出作品的利益。

无论是劳动权利说还是人格说，均是建立在作者对自身享有自然权利的基础之上的。只是劳动权利说侧重于人体劳动后的产物——作品，其财产权归于创作它的主体，而人格权学说则侧重于作品是人格的外化，因此需要被保护。所以，基于自然权利对作品进行保护，被看作对创作者本人的保护，或基于创作者自身的保护。在著作权法理念中，确立了应当对作品和创作者进行保护的理念。自然权利保护理念是在著作权法立法保护时，注重以劳动或人格这种自然存在的（或天赋的）人的权利为根基，对其创作行为进行保护。此时对创作行为的保护源于本已存在的天然权利，所以对作者赋权并予以保护，防止他人的非授权使用，是著作权法自然权利理念的本意。特别是对于以人格权理论为基础建立起的作者权法律制度，法律对创作者的天然保护是不容被质疑的。这一以创作行为实施者——创作者或称为作者为核心的天然权利的保护理念，贯穿于立法之中时，体现出了作者权体系人格与财产权利共同被保护的制度设计。并且针对人格权领域的权利，明确不允许转让或放弃，因为人格权本身是不能转让或放弃的。在此理念的影响下，创作者的人身性权利替代了其创作的作品，在著作权法律制度构建时，得到了更为充分的关注与保护。

随着技术的发展，多种创作和传播途径产生。自然权利学说越来越受到质疑，特别是当不包含一般独创性要求的数据库等新型"作品"，需要获得保护的时候。传统的劳动学说或人格权理论，难以支撑其权利保护的合理性。此时，功利主义的激励理论出现，为著作权的保护开辟出了一条新的道路。❶ 功利主义激励理论的保护理念，是以保护作品的法律手段为工具，旨在分配由作品产生的利益，借以刺激创作这一市场行为。激励新的创作或新的作品产生，必然不能对作品权利人过度保护。鼓励作品传播利用，获取市场收益，刺激新的作品继续产生并获取更多的市场利益，是功利主义保护理念的动力。因此，限权以促进作品产生和交易，就成为著作权法理念的应有之义。在功利主义激励理念中，著作权法是一项法定而非自然权利，是依靠法律制度将一种可保护的利益进行垄断性的权利保护，不能牺牲社会公众对作品的接触或使用权利。

将激励机制用于著作权法，并非著作权法特有的情况。实际上，从新制度经济学的立场出发，任何法律都是一种激励机制，通过对权利与义务在社会中的分配，使个人行为的外部成本内部

---

❶ 激励理论（Incentive Theory）是著作权制度立法原则与正当性解释的主流学说之一。激励理论认为，著作权法是通过权利配置来激励信息生产和传播的制度工具。MERGES R P, MENELL P S, LEMLY M A. Intellectual Property in the New Technological Age [M]. 4th ed. [S. l.]: Aspen Publishers, 2006: 13; GOLD-STEIN P. Copyright, Patent, Trademark and related Statue Doctrines [M]. 5th ed. New York: Foundation Press, 2002: 6.

化，从而诱导个人选择社会最优的行为。❶ 然而，由于著作权客体的建构完全出于法律的拟制，著作权激励机制必然存在不同于传统权利体系的地方。最为独特的，便是以权利限制为核心的权利设置理念，例如著作财产权利的有期限性、内容的法定性以及利用方式的限制性等。❷ 除此之外，正如熊琦教授所言，"鼓励创作一直是投资者主导立法的一种遮掩，激励机制的真正目的旨在著作权法中确立财产权的优势地位，通过信息的产权化和著作财产权的配置来实现投资效益的最大化。"❸ 此时，通过权利配置来激励的，实际上是信息生产与传播的投资，而非生产与传播本身。因此，可以清楚地发现，本以保护创作者为名制定的著作权法，在激励机制的保护理念下，实则激励了作品产生与传播的投资方，即以保护创作者为名，行的却是激励投资者之实。

综上，可以看出，在著作权法理念的形成过程中，先后出现了自然权利保护理念和功利主义的激励理念。自然权利保护理念，特别是其中的作者权理念，更侧重对基于创作行为产生作品的作者进行保护，即借著作权法保护作品来保护创作主体。而功利主义的激励理念则是将著作权法作为激励工具，运用制度设计对作品的投资方而非作者进行保护。自然权利理念着重于自然权利的赋权，而功利主义的激励理念着重于法定主义赋权，即注重

❶ DEMSETZ H. Toward a Theory of Property Rights [J]. American Economic Review, 1967, 57: 347.

❷ 熊琦教授专门针对著作权法的激励机制进行了研究，他指出：激励机制作用于著作权法中的体现不同，主要表现为权利限制和财产权建构的复杂性。熊琦. 著作权激励机制的法律构造 [M]. 北京：中国人民大学出版社，2011: 22.

❸ 熊琦. 著作权激励机制的法律构造 [M]. 北京：中国人民大学出版社，2011: 24.

限权。两种不同的理念在赋权与限权问题上存在相反的观念，在其指引下，必定形成不同的著作权法律制度构造。

第二节 著作权法理念的转变

随着自然权利保护理念和功利主义保护理念的形成，历史上著作权法理念的框架基本具备。依照前文研究得出的结论，法律的理念，应当符合最高性、价值性和实现性这三个标准。著作权法的理念，也应当满足上述标准。自然权利保护理念又以作者权保护理念为代表，工具主义保护理念以功利主义的激励机制为典型。这两种理念是著作权立法史中最具代表性的立法观念，反映了从无到有的著作权法立法旨趣，可以说是具备最高性。由于不同观念反映了当时不同的立法目的或价值追求，并通过制度设计加以实现，故也可以认可两种理念具备价值性和实现性。因此，上述两种理念均是满足著作权法理念应具备的形式要件的。然而，并非所有全局性的、有价值追求又可以被实现的理念均是符合当下技术和社会发展的理念。不同的价值追求和制度构建实现难度，决定了理念的正确性或可适用性。如果价值追求不符合当下的法律价值追求，或该追求不具备现实可行性，则该理念不应当被奉为当下著作权法应当遵循的理念。接下来，将应据此对已有理念进行反思，重新审视著作权法的理念。

一、促进创新的"浪漫主义"与"价值虚无"的功利主义

著作权法的自然权利理念，针对人权的内容，对创作行为的来源——作者进行高度保护。特别是基于创作是人类的天性这一标签，作者的地位被高度神化，作者被认为是具备创作灵魂的天才。对源于创作行为的作品保护，实际上就应当保护创作行为的根源——创作者。在知识产权从无到有的合理性论证阶段，该学说的确为知识产权法的确立立下了汗马功劳。然而，正如美国学者克里斯特曼在论证财产权的正当性不应当由自然权利去证明的观点一样，● 著作权的保护也不应当源于创作行为，因为难以以创作行为的自然属性，去论证著作权作为一项自然权利存在的合理性。当然，许多知识产权法领域的学者，也纷纷对自然权利理念进行了反思。特别是以人格外化的作者权体系建立后，版权法系国家的学者对作品上设立人格权的问题进行了激烈的驳斥。至今在世界范围内，依然存在许多未对人格权进行专门保护的著作权法，但这仍然没有阻碍保护作者就是促进创新的浪漫主义思想的发展。

促进创新的浪漫主义思想，也体现在激励机制的版权法的理论阐述中。尽管对于激励对象的现实思考，可以让我们冷静地发现最终受益者，但在理念设立时，促进创新依然被当作"宗旨"

● 克里斯特曼. 财产的神话：走向平等主义的所有权理论［M］. 张绍宗，译. 张晓明，校. 桂林：广西师范大学出版社，2004：97-103.

被反复提及。著作权法的制度功能，是否真的要包含促进创新这一价值，❶ 或者说能否从著作权法合理性论证的自然权利说或功利主义的激励机制学说中，自然得出著作权法就是保护创新的法律，此种逻辑是值得推敲的。但目前世界范围内的著作权法（至少是作者权体系的著作权法，还有部分版权体系的著作权法，以及我国现行《著作权法》），均宣称本"法"保护的是智力创作成果。作者权体系的代表者——德国著作权法更是一直以调整精神世界的创作成果为己任，突出著作权法保护中促进创新的主旨。❷

从作品到作者，著作权法对外塑造了一个促进创新的美好形象。在此形象下，作者的精神作用和对其保护被无限放大，浪漫主义的作者保护思想蓬勃发展。但受困于人格权或精神权利的保护，作品的利用与限制内容饱受争议，特别是在创作行为扩张后，创作者大众化的当下，对原创人的过度神化，似乎有碍促进创新的愿景达成。

另外，按照著作权法的功利主义理念，即以功利主义的激励机制进行著作权法的制度构造，会有一种价值虚无的倾向。❸ 因为激励机制是通过制度设计，将作品利益进行分配，以此激励获取利益的主体再次进行作品交易。对于激励机制的无用性，或者

❶ 李琛. 著作权基本理论批判 [M]. 北京：知识产权出版社，2013：37.
❷ 保护智力创作成果的著作权法，就是保护"精神的作用与存在的方式，也就是说智力创作成果是精神生活和文化生活的一个组成部分"。因此与其他财产法有所区别，著作权法调整的是精神世界。雷炳德. 著作权法 [M]. 张恩民，译. 北京：法律出版社，2005：38.
❸ 李琛. 论知识产权法的体系化 [M]. 北京：北京大学出版社，2005：65.

正当性存疑的思考，李琛教授曾进行了深入的研究。她认为：首先，按照激励机制这样的理念指引所塑造出的法律制度，并不保护最伟大的创造。实际上，激励机制所激励的，仅是那些可以产业化的智力成果。其次，以激励机制为理念的著作权法律制度，最终保障的并非创造者，而是利用创造成果进行市场交易的投资者。最后，也是最为关键的，创作是人类的天性，并不需要通过法律制度进行激励。❶当功利主义的激励机制愿景落空，即鼓励创造实际上是激励投资，著作权法的工具性就体现出了一种价值上的虚无。

因此，当自然权利说的促进创新理念存在着天然的缺陷，激励说为遮掩目的又扬起了相同旗帜，此时的著作权法理念是基于价值偏差设定的，必然无法正确指引法律制度的建立及实施，并影响著作权法的整体制度功效。

二、工具主义下公平分配的理念诠释：从控制到利用

无论是自然权利说的赋权，还是功利说的限权，著作权法的理念始终在保护创作者的浪漫主义价值和功利主义的价值虚无中摇摆。前者过分夸大了作者人格利益保护的重要性，阻碍了作品的利用与流通；后者又过分强调了著作权法的工具性质，而忽略了应当赋予价值的指引功能。

在功利主义后，工具主义逐渐走入人们视野。工具主义起源

---

❶ 李琛教授指出："伟大的观念和基础性科学理论都不能成为知识产权的对象。""创造的热情在利益之外，因此也在利益规则之外。"李琛. 论知识产权法的体系化 [M]. 北京：北京大学出版社，2005：63.

于对"形式主义"的批判，❶ 以及对功利主义、❷ 科学精神等的
肯定❸。正如庞德提出的，法律是通向目的之手段，❹ 工具主义
的核心观点为：法律在本质上是服务于目标的工具。❺ 工具主义学
者普遍坚持目标对于工具的重要性，如在工具主义代表人卢埃林
看来，"法律是实现目标的工具；且仅仅是工具；且仅在作为实现
目标的工具范围内才有意义。"❻ 庞德与卢埃林的观点相同，他认
为："法律是工具，而不是目的"。❼ 虽然他们二人否认法律形式
中包含目标内容，但工具主义者普遍认为目标的设定直接影响了
法律的制定，❽ 法律的价值也取决于是否能服务于目标，目标与手
段应保持互动和联系，法律规范中应当包含目的性因素。如富勒就

---

❶ "形式主义"认为法律是一个闭合的逻辑体系，现行有效的法律是"书本上的法律"。工具主义者对"形式主义"的批判表现在：主张依据现实存在的需求与利益确定的目标来对现行法律进行拓展与细化，反对封闭、抽象的概念体系。COOK W W. The Logical and Legal Bases of the Conflict of Laws ［M］. Cambridge：Harvard University Press，1942：196 - 197.

❷ 边沁的功利主义作品受到工具主义者的广泛关注，实用工具主义的大部分内容在本质上是边沁功利主义的。SUMMERS R S. Instrumentalism and American Legal Theory ［M］. New York：Cornell University Press，1982：42 - 56.

❸ 霍姆斯曾言："理想的法律体系应该是从科学中汲取假定条件和立法理由。"HOLMES O W. Learning and Science ［M］. New York：Collected Legal Papers，1921：139.

❹ POUND R. Mechanical Jurisprudence ［J］. Columbia Law Review，1908 (8)：605, 610.

❺ HOLMES O W. The Path of the Law ［J］. Harvard Law Review，1897 (10)：468 - 469.

❻ LLEWELLYN K N. Some Realism About Realism：Responding to Dean Pound ［J］. Harvard Law Review，1931 (44)：1222.

❼ POUND R. The Need of a Sociological Jurisprudence ［J］. The Green Bag，1907 (19)：607, 612.

❽ 如莫尔认为：一个理性的或逻辑的过程会被引导至已选定的目的。莫尔的观点也揭示出了工具主义者所持的目标对手段有指引作用的观点。MOORE U. Rational Basis of Legal Institutions ［J］. Columbia Law Review，1923 (23)：609, 612.

强调，手段与目标不能分离。❶ 萨默斯在对工具主义进行研究的基础
上也认为：表达价值之目标，应包含于并首先体现于手段之中。❷

　　明确将工具主义运用于知识产权领域，是德霍斯教授在《知
识财产法哲学》一书作出的重大贡献。通过对传统财产权之所有
权至上观念的批判，他认为应当于知识产权保护之时计算其社会
成本，并关注知识产权作为一种制度机制对社会生活产生的效
果。❸ 对所有权至上主义的批判，直接影响了他对知识财产权制
度的态度，对于公共利益的关注在他看来是法律制度的应有之
义。虽然德霍斯在文中指出，由于知识财产所有权助长了威胁消
极自由的组织形式与活动，需要对其进行严格限制或完全取消其
中的某项权利，❹ 但实际上，这是从分配公平的角度，主张应对
知识财产所有权予以限制的体现，而并非一种完全否定知识产权
存在的观点。申言之，即便这种观点存在"否定知识产权的倾
向"，也只是其对财产法律制度目标重置的期望使然，并非工具
主义之过。通过上述考察可知，将工具主义视为"使知识产权完
全变成了一个政策考量工具"，"存在一种否定知识产权的倾向"

❶ 在富勒看来，通常情况下若非人为，手段难以从目标中鉴别和分离出来。FULL-
ER L L. Human Purpose and Natural Law ［J］. The Journal of Philosophy, 1956
（53）: 697, 700.
❷ 萨默斯指出：法律为服务于目标之工具，目标表达价值，缺失价值理论的法学理
论是不完整的。SUMMERS R S. Pragmatic Instrumentalism in Twentieth Century
American Legal Thought – A Synthesis and Critique of Our Dominant General Theory
About Law and Its Use ［J］. Cornell Law Review, 1981（66）: 861, 875.
❸ DRAHOS P. A Philosophy of Intellectual Property ［M］. ［S. l.］: Dartmouth Pub-
lishing Group, 1996: 213 – 223.
❹ DRAHOS P. A Philosophy of Intellectual Property ［M］. ［S. l］: Dartmouth Publish-
ing Group, 1996: 5.

的观点，❶ 是对工具主义的误读。

在使用工具主义分析法律时，应当同时对法律目标和手段进行考察。如手段出现问题，则不只是立法技术上的问题，因为作为手段的法律不可避免地需要价值判断。如果立法者单纯地考虑政策，则由此目标制定出的法律必然会沦为政策考量的工具；然而价值目标一旦转换，则法律手段会随之改变。工具主义并非学者们担忧的一种危险的理论，因为在一定意义上，真正影响评价的应当是目标的设定者。在著作权法领域内，工具主义不是一种危险的理论，而且相较于自然权利保护理念，将工具主义保护理念适用于著作权法之中，可能更为合适。因为无论是劳动学说还是人格学说，均无法摆脱创作行为产生作品应当被保护的正当性说明。而自然权利学说的理论仅可说明作品属于创作它的作者，而非该作品应当被赋权保护。除此之外，基于创作的作者权保护体系也无法设定其他价值追求，仅可适用保护创作者或创作的价值追求。价值的单一性，也决定了自然权利理念适应性的不足。而工具主义的理念，在确定正确的目标价值后，可能会为著作权法的利益分配机制建立，作出正确的指引。

可见，使用工具主义对著作权法的利益分配进行研究，需要首先明确著作权法理念中应当包含的价值追求究竟是什么。正如前文得出的结论，理念不能脱离价值，工具主义的保护理念也应当赋予著作权法的价值目标。有了正确价值追求的工具主义，才可以摆脱价值的虚无，发挥其真正的功效。然而，著作权的工具

---

❶ 李扬. 重塑以民法为核心的整体性知识产权法 [J]. 法商研究, 2006（6）: 25.

主义理念在功利主义的激励机制下已经有了价值的宣传，即保护创作。可是保护创作的价值追求仅是话语性的，激励机制依然是通过财产权的设定将作品利益分配给了投资者。在此种现实下，我们才说工具主义的价值追求落空。因为价值设定和制度实施结果，并不吻合。或者说是在价值设定之时，并没有考虑制度设计和实施的当然结果。不过，这其实也体现了价值设定时的一种话语与现实的偏差，一种对现实的粉饰或遮掩。如果抛弃过去实际上对投资者利益保护的价值指引，将著作权法理念在工具主义保护的现实下进行思考，客观描述著作权法应当具备的制度功能，以及应当追寻的价值目标，对著作权法的理念进行彻底的转变，即可解决话语与现实的冲突，还著作权法理念一个清晰、明确、真实的存在。

根据最高性、价值性和实现性的标准，著作权法的工具主义保护理念符合最高性的要求，即将著作权法作为工具，达成法律要保护的目的。法律的工具性是无须证明的，此时需要确立的是目的的价值追求，以及该价值能否通过具体制度设计予以实现。除了促进创作外，关于著作权法理念的价值追求，学者们还先后提出过利益平衡理念、❶ 分享或共享理念❷。在著作权法理念需

---

❶ 李勇军. 论著作权法的理念 [J]. 社会科学研究, 2015 (2): 92 - 97. 郭剑寒, 宋思宇. 意思自治: 数字时代维持著作权利益平衡之核心理念 [J]. 宁夏大学学报 (人文社会科学版), 2007 (5): 69 - 74.

❷ 饶世权. 网络短视频产业的法治治理: 理念、规则和机制——以著作权分享为视角 [J]. 中国编辑, 2021 (1): 14 - 20; 王晶, 钟紫红. 著作权新理念下创造性作品的保护与共享: 知识共享组织及其许可协议 [J]. 中国科技期刊研究, 2008, 19 (2): 243 - 247. 程文豪. 著作权保护与数字教学资源共享的合理性、矛盾及解决思路探析 [J]. 柳州师专学报, 2008 (1): 90 - 94. 高雅文. 版权保护对象合理扩张路径思考 [J]. 中国出版, 2023 (9): 49 - 53.

要转变的研究下，有学者提出应当对著作权法进行从保护复制为主到保护传播为主的理念转变。❶ 还有学者更进一步，在谈到现有版权理念转变时指出，应当着重考虑在先创作者与在后创作者的利益，以"人本主义"为保护理念，回归以创作者为核心的版权保护理念。❷ 针对上述学者观点，我们认为正如法律的激励机制并非著作权法的特例，利益平衡实际上也是法律规范的应有之义。著作权法如同其他法律规范一样，在对利益进行分配时，均需要进行平衡或衡量。与利益平衡相似，利益分配也是法律规范的应有之义。法律是利益的分配之器，著作权法的利益分配功能也是其制度功能的本意。❸ 而促进创新对于制度本身的功能而言，无疑是一种负担。❹ 促进创新，并非一个合适的价值目标。但创新行为，的确是一个与著作权法息息相关的内容，或者是极为重要的内容。无论是分享或共享理念，还是人本主义的创作者回归理念，实际上都是促进创新理念的发展或衍生。学者们对于这些理念的提出，无疑也是受到了作品源于创作的观念影响。

提出从复制到传播的保护理念转变，可以说是学者们对作品控制转向敏锐察觉的反应，即从控制复制到控制传播的现实。虽然看上去从保护复制到促进传播是一种转变，但保护或促进的主

---

❶ 吕炳斌. 数字时代版权保护理念的重构：从以复制权为中心到以传播权为中心 [J]. 北方法学，2007（6）：127－131. 郭蓉. 数字出版中版权保护理念核心的转变 [J]. 成都师范学院学报，2014，30（1）：63－66＋90.

❷ 初萌. 元宇宙时代的版权理念与制度变革 [J]. 知识产权，2022（11）：110－126.

❸ 曾青未，论作品增值利益的分配 [J]. 苏州大学学报（哲学社会科学版），2016，37（6）：69.

❹ 李琛. 著作权基本理论批判 [M]. 北京：知识产权出版社，2013：37.

体或者立足点依然是作品或者其背后的作者与投资者，即依然停留在创作者（投资者）对作品的控制层面。然而，正如学者在财产权的保护理念研究时发现的那样，控制对于财产所有权的保护而言仅是一部分内容，❶ 另一部分财产权的价值实现依靠的是市场交易。作为著作权保护对象的作品，仅有通过市场交易，才有了最初被保护的价值，创作行为也才有了被保护的必要。在这里，并不是说没有市场价值的作品就缺少了被著作权保护的必要性。而是从著作权法律制度产生的本源可以看出，现代意义上的著作权法保护的是有交换价值或市场价值的作品。那些不被市场所认可的作品就不应当被保护吗？就整体法律制度而言并非如此。但那些不存在市场价值的作品，即便被他人无偿使用，作者的经济利益又受到了哪些损害呢？或者说即便是侵权行为，对相应损害进行损害赔偿时，又当如何主张赔偿呢？此时我们利用著作权法去保护没有投入市场的作品，或者市场上无法交易的作品，目的是什么？意义又何在呢？如果不进行道德捆绑，利用他人无市场价值的作品进行再创作产生新的作品，新作品产生了市场价值，带动原作也产生了市场价值，那么原作品权利人实际存在经济利益损失吗？当然，有人会质疑，声称作者的人格权利可能受到了伤害。如果新作品在利用原作品时，对作品来源进行了说明与感谢呢？如果新作品产生新利益后，不仅带动原作品产生

---

❶ 克里斯特曼指出："所有权可涉及对所有物的控制，也可以涉及从交易或出租所有物而获得收入的权利。""控制权提供保护自主的功能，而收入权提供分配功能。"克里斯特曼. 财产的神话：走向平等主义的所有权理论 [M]. 张绍宗，译. 张晓明，校. 桂林：广西师范大学出版社，2004：9.

利益，还依照原作品对新作品的贡献，按照比例分给原作品权利人相应的财产性收益，此时原作品权利人还会心生不满或引发纠纷吗？可以肯定的是，这些"如果"的场景，一旦以法律规定的形式被制度化，此类纠纷势必会减少。

相比从复制到传播这种控制权内部的转向，促进与保护作品的利用恐怕才是创新行为扩张下著作权法理念转变的应有出路。尽管从复制到传播的转变，针对作品的控制从后端慢慢转移至前端，但是促进或保护传播，也比控制复制更利于作品的利用。总体而言，此种理念还是停留在以创作者保护为中心的价值追求之下，认为仅有对作品进行控制，无论是对复制还是传播的控制，方能保障作品产生利益落入创作者或者投资者手中。实际上，促进作品的利用，通过利用产生更多的新作品和新利益，才是更具有可持续发展性的作品利用观和保护观。由此，我们发现真正的转变，不应是从控制复制到控制传播的转变，而应当是从控制到利用的转变。著作权法的理念应当在工具主义的保护理念下，基于著作权法分配作品利益的制度功能，通过著作权法公平分配利益的手段，达成促进作品利用这一价值追求。公平分配利益以促进作品利用的工具主义保护理念，是否符合前文提出的三项标准，即最高性、价值性和实现性呢？

首先，关于最高性的标准，前文已多次提及。自然权利保护理念和功利主义的保护理念，均符合最高性的标准。作为功利主义的发展，工具主义也是整体性承认著作权法是调整作品产生利益的分配手段，与法律的工具性相吻合，故可以说工具主义保护理念从整体而言，符合最高性的标准要求。

其次，价值性的标准，要求工具主义的保护理念具备核心的价值追求。以公平分配利益达成促进作品利用的价值追求，是一种不同于通过控制复制或传播以保护创作的新价值追求。促进作品利用相较于促进创新而言，是一种价值追求上的进步。上文已有论述，促进创作并非一个很好的价值目标。创造是人类的天性，没有法律制度，也有创造，法律制度保护创造并不一定更多或更好。因为创造是一种主观而非客观的行为，创造的评价也是随着社会发展而不断变化的。而价值本身应当是一个相对客观的内容，理念中的价值追求应当是一个主观的期许。创作行为固然重要，但创作结果即作品的市场化利益，才是著作权产生的动力。以公平分配利益来达成促进作品利用为价值追求，可以揭开著作权法用以伪装的面具，让世人直面著作权法的制度功能，还可以客观地展示著作权法作为法律规范，所遵循的公平正义的价值理念。不仅如此，促进作品利用的表达，还可以最大化地兼容作者权和版权体系著作权法的保护矛盾。因为对于版权体系而言，作品利用本就是其追求利益最大化的具体目标。对于作者权体系而言，作品是作者人格的外化，促进作品的利用，就是对人格表达的促进；促进作品的利用，就是对人格外化利益的最大化追求。以作品为对象，以促进作品利用为目标，可以缓解两大法系长久以来的隔阂。而对于社会公众而言，作品利用要比作品控制更符合整体福利。更何况促进作品利用，实际上也不会与过去促进创作的价值相违背，因为创作行为往往都是建立在对已有作品的利用之上的。综上，促进作品利用的价值追求，无论是从先进性还是从价值正确性的角度而言，无疑都是更好的选择。

　　最后，实现性的标准要求著作权法的理念不仅具备价值，还应当可以转化为具体法律制度，经由理念的指引，设计出可以达成该理念的具体制度构造。从权利控制到公平分配，是工具主义促进作品利用价值追求的一种合理手段设置。从前文分析可以得知，将工具主义应用于著作权法领域，也应当保持手段与目标价值的互动。因为著作权法的基本制度功能就是对作品产生的利益进行分配，故工具主义是以法律手段调整作品的利益分配。然而手段与目标价值的互动，要求工具主义的手段要与促进作品利用的价值相一致。此时，何种利益分配方式可以达成此种价值？我们认为，法律对于公平正义的追求，可以满足目标的设立。所以，将公平分配利益作为工具主义保护理念的手段，用以实现促进作品利用的价值追求。在明确目标和手段后，通过著作权法的公平分配利益达成促进作品利用的工具主义理念就是一个具备价值追求的、实用性的、最高级的著作权法理念。将公平分配的手段和促进作品利用的价值外化于著作权法的制度重塑中，即可实现著作权法理念的实现性。

本章小结

　　学界并没有就著作权法的理念形成统一的概念。著作权法的理念是一个看似清楚，实则包罗万象的内容。现如今已经形成的理念内容，如何呈现当下的样态，值得我们进行研究。从历史发展看著作权法的理念，是多数学者选择的研究路径，也是本书开启著作权法理念形成研究的起点。在法律领域内，"理念"应当包含三个面向的内容：最高性、价值性和实现性三个标准。

虽然国内外的研究中包含保护理念、立法理念、制度理念等的不同称谓，但实际上指代的内容都是相似的，即在著作权法立法或制度设计时，或著作权法立法对权利进行保护时，遵循的一种理论或者观念。在著作权法理念的形成过程中，先后出现了自然权利保护理念和功利主义的激励理念。自然权利保护理念，特别是其中的作者权理念，更侧重对基于创作行为产生作品的作者进行保护，即借著作权法保护作品来保护创作主体。而功利主义的激励理念则是将著作权法作为激励工具，运用制度设计对作品的投资方而非作者进行保护。自然权利理念着重自然权利的赋权，而功利主义的激励理念着重于法定主义赋权，即注重限权。两种不同的理念，在赋权与限权问题上存在相反的观念，在其指引下，必定形成不同的著作权法律制度构造。

上述两种理念均是满足著作权法理念应具备的形式要件的。然而，并非所有全局性的、有价值追求又可以被实现的理念均符合当下技术和社会发展的理念。不同的价值追求和制度构建实现难度，决定了理念的正确性或可适用性。如果价值追求不符合当下的法律价值追求，或该追求不具备现实可行性，则该理念不应当被奉为当下著作权法应当遵循的理念。自然权利说的促进创新理念存在着天然的缺陷，激励说为遮掩目的又扬起了相同旗帜，此时的著作权法理念是基于价值偏差设定的，必然无法正确指引法律制度的建立及实施，并影响著作权法的整体制度功效。

　　无论是自然权利说的赋权，还是功利说的限权，著作权法的理念始终在保护创作者的浪漫主义价值和功利主义的价值虚无中摇摆。前者过分夸大了作者人格利益保护的重要性，阻碍了作品的利用与流通；后者又过分强调了著作权法的工具性质，而忽略了应当赋予价值的指引功能。根据最高性、价值性和实现性的标准，著作权法的工具主义保护理念符合最高性的要求，即将著作权法作为工具，达成法律要保护的目的。将公平分配利益作为工具主义保护理念的手段，用以实现促进作品利用的价值追求。在明确目标和手段后，通过著作权法的公平分配利益达成促进作品利用的工具主义理念就是一个具备价值追求的、实用性的、最高级的著作权法理念。将公平分配的手段和促进作品利用的价值外化于著作权法的制度重塑中，即可实现著作权法理念的实现性。最终，本章将著作权法的理念转变确定为：在工具主义的保护理念下，基于著作权法分配作品利益的制度功能，通过著作权法公平分配利益的手段，达成促进作品利用这一价值追求。

第三章

著作权法的制度重塑

通过第一章的分析我们得知，创作是一种重要的行为，直接影响著作权法的产生和发展。在创作行为继续扩张的现实下，现有著作权法的制度设计在应对之时恐有缺失。此种制度困境，源于模糊与非理性的理念设计。由此，本书的第二章对理念的转变进行了研究。著作权法应当在工具主义的保护理念下，基于著作权法分配作品利益的制度功能，通过著作权法公平分配利益的手段，达成促进作品利用这一价值追求，即著作权法应当确立公平分配利益以促进作品利用的工具主义保护理念。

在前文的研究基础上，我们得出了著作权法理念转变的应然样态。著作权法理念转变的意义有三：其一，正本清源，扭转过去价值偏差下的错误理念；其二，立足当下，适应创作行为扩张带来的冲击与挑战；其三，展望未来，给著作权法后续的修订完善提供有益的指引。理念只有外化才具有意义，因而需要继续对著作权法的制度构造进行研究。在著作权法理念转变的基础之上，我们开始对新理念进行诠释，并尝试进行具体的制度重塑。这样一来，一方面可以践行理念外化的理论要求，另一方面又可以解决创作行为扩张下的具体制度难题。

本章就是在前文理念转变的研究基础之上，对著作权法的制度重塑进行分析，并针对性地提出建议。由于著作权法的制度重塑并非一蹴而就，需要通过体系性的手段有步骤地进行，因此，我们以著作权法的体系为起点，对制度重塑进行整体性的研究和谋划。

第一节　著作权法的体系重塑

著作权法应当确立公平分配利益以促进作品利用的工具主义保护理念。由于理念的转变，著作权法的制度重塑具有了理论上的必要性。在新理念指引下，制度重塑还具备了现实中的可行性。然而，从理念转变到制度重塑，并非简单的机械行为，需要从整体上进行考量。此时，体系化的科学思维，将有助于我们对著作权法律制度进行深入的了解，并进行更为合理的设计。

一、著作权法的体系

在研究著作权法的具体制度内容时，体系化起到了科学性的分析作用。在创作行为扩张的研究中，我们也发现，由创作行为继续扩张引发的制度困境也是整体性和体系性的，因此对著作权法进行体系化的考察是必要的。但是，由于人们对著作权法的体系在不同层次下有着不同的解释，所以我们需要对不同维度的著作权法体系进行探究。

第一，版权体系与作者权体系。著作权法设立之初就产生了两大对立体系，即版权体系与作者权体系。[1] 在上述两种不同的保护理念下，产生出了两种截然不同的制度内容。[2] 版权体系的制度设计，围绕作品认定、权利归属和利益分配的限制进行。在司法实践中，根据理念指引对作品类型、权利范围等的限制作出利于投资者的解释。[3] 作者权体系则围绕作品赋权、权利内容等对具体规范进行缜密的安排，司法实践更侧重保护作品创作者的权益。由于作者权体系侧重作者的保护，一般情况下不仅作品权利天然归属于作者，就连作品赋权的权利内容也包含作者的人格权保护。[4] 由此，那些没有作者独创性投入的作品，就被排除在

---

[1] 孙新强. 论作者权体系的崩溃与重建：以法律现代化为视角 [J]. 清华法学，2014，8（2）：130 - 145.

[2] 具体的制度内容可参见：魏琪. 政策面向：作者权与版权的分歧与融合 [J]. 电子知识产权，2016（3）：38 - 47.

[3] 戴哲. 论著作权、作者权与版权的关联与区分 [J]. 电子知识产权，2021（12）：4 - 29.

[4] 林秀芹，刘文献. 作者中心主义及其合法性危机：基于作者权体系的哲学考察 [J]. 云南师范大学学报（哲学社会科学版），2015，47（2）：83 - 92.

法律保护范围之外。当必须面对没有独创性"作品"的利益分配时，只得以"制品"形式进行邻接权的保护。这样一来，便产生了另一层面上的著作权法体系。

第二，著作权与邻接权保护体系。随着独创性要求的发展，世界范围内出现了著作权法中的著作权与邻接权保护并存的体系。❶ 广义的著作权包括狭义的著作权和邻接权这两大权利体系。产生著作权和邻接权并存现象的根源，便是较高的作品独创性要求。❷ 在上述对立的版权体系和作者权体系下，版权体系内的作品独创性要求低，从最初的额头出汗原则，逐步发展成为最低限度的独创性要求。尽管独创性要求有所提高，但也仅是对不要求独创性的标准作了稍许提高。而作者权体系，源于对极具天赋作者的独创性创作投入进行保护，故在作品独创性考量时，有较高的要求。❸ 可是，现实中出现了独创性并不高超却需要被保

❶ 卢海君. 论著作权法的体系化：以《著作权法》第三次修订为中心 ［J］. 社会科学，2019（6）：109－116.

❷ 有学者研究指出，邻接权产生的学说包括"传统劳动说"、"作品传播者权说"以及"独创性要件缺失说"等多种学说。徐聪，李子昂. 邻接权的体系构成：本源、性质、扩张 ［J］. 上海大学学报（社会科学版），2021，38（4）：85－97.

❸ 关于邻接权的研究，有传统领域的内容（录音录像制作者、表演者、广播组织者、出版者等的邻接权保护问题），还有新创作行为下的研究（体育赛事直播内容的保护、人工智能生成内容的保护等问题）。例如，我国学者从 2018 年起就开始对人工智能生成内容的可版权性出路进行探索。陶乾. 论著作权法对人工智能生成成果的保护：作为邻接权的数据处理者权之证立 ［J］. 法学，2018（4）：3－15. 许明月，谭玲. 论人工智能创作物的邻接权保护：理论证成与制度安排 ［J］. 比较法研究，2018（6）：42－54. 许辉猛. 人工智能生成内容保护模式选择研究：兼论我国人工智能生成内容的邻接权保护 ［J］. 西南民族大学学报（人文社科版），2019，40（3）：100－106. 陈虎. 论人工智能生成内容的邻接权保护：从立论质疑出发的证伪 ［J］. 电子知识产权，2019（9）：15－24. 向波. 论人工智能生成成果的邻接权保护 ［J］. 科技与出版，2020（1）：70－75.

护的内容。此时，聪明的立法者，便创设出了略具独创性即可被保护的邻接权制度。❶ 以邻接权去补充保护不具备独创性高度内容的客体，是创作行为发展的需要，也是作者权体系基于保护创作者理念下制度设计的完善。

第三，狭义著作权的权利体系。由版权同作者权相抗衡的体系发展而来的，还有著作权权利体系的人身性与财产性权利体系。版权法国家注重作品财产性利益的分配，以财产性权利，如复制权、传播权为核心，进行权利的体系性构造。而作者权国家，则出于人格外化的作品保护理念，在权利体系建构的同时注重人身性和财产性权利的设计，高度关注作者的人格权利保护，并将作品上体现的人格权延展至著作权进行保护。尽管作者权国家高度重视作者的人身性权利，但实际上内部也出现了不同的保护模式，即"一元权利"与"二元权利"学说。❷ 两种模式的区别，是人格权利能否与财产性权利相分离，即人格财产一体化的"一元权利"学说和人格权可与财产权相分离的"二元权利"学说。由于人格权的天然性，所以无论一元还是二元的权利，都更侧重于权利的赋予和强烈的权利保护。而仅规定财产性权利，或迫于压力象征性地加入人格权益保护的版权法国家，则更注重权利限制、行使和后续的利益分配。

上述不同维度的著作权法体系，反映出了在两大保护理念下

---

❶ 王超政. 著作邻接权制度功能的历史探源与现代构造 [J]. 华中科技大学学报（社会科学版），2020，34（4）：95–103，140.

❷ 郑成思. 有关作者精神权利的几个理论问题 [J]. 中国法学，1990（3）：71–78.

形成的著作权法律制度安排。针对上述体系化的内容进行反思，我们可以发现，在旧有理念的指引下，著作权法的制度构建主要围绕权利的控制进行。比如作者权保护理念的赋权制度构建，即为了确保作者对作品拥有的权利，对人格权和财产权进行赋权，并对权利边界的界定内容进行严格控制。而版权法国家的限权制度构建，即为了保障作品可以进行交易，并且进行作品交易后的利益分配，对权利的归属进行安排，并设置较为宽松的限权制度，用以促进作品的传播并控制作品交易后的利益。关注人格权与关注用以激励的财产利益，是两种理念下的不同制度体现。限权不同的用语——权利的边界、权利的例外、权利的限制，亦体现出了不同的理念。无论是赋权还是限权，仅是实现其目的的制度选择。

赋权与限权并存，是两种理念下共同存在的现象。尽管立法者对边界、例外、限制等词语使用时选择不同，但都是以控制为中心的话语表达。此时，在新的公平分配利益以促进作品利用的工具主义保护理念下，重新思考上述体系中所体现的赋权和限权制度以及二者的关系问题，可以作为制度重塑的体系化探索的重要突破点。

二、赋权 – 限权体系

研究著作权法的体系是十分必要的。虽然在不同层面上，著作权法体系存在着不同的内涵，但在新理念指引下，需要在制度重塑前明确一个可供分析的体系框架。在旧有理念下，著作权法存在以下两种具体保护路径：

第一，发源于自然权利论的作者权保护路径。由于作品体现了作者的人格，控制作品的复制和传播就成为著作权保护的应有之义。此时，唯有通过赋权方可保障作者人格和财产权利的实现。而在进行社会公众利益的衡量时，不得已通过设定权利边界的方式，对作者权利进行限制。赋权路径的逻辑如下：

作者权（自然权利）→控制作品复制、传播→赋予并保障作者人格、财产性权利→谨慎设定权利边界→赋权

第二，基于功利主义激励机制理论而产生发展的版权保护路径。由于作品产生的利益才是激励机制的手段，所以需要通过控制作品的复制和传播来保障财产性收益的获取。由于作者本身并非功利主义保护的重心，再加上社会公众接触作品时，若无财产性利益问题，则不会妨碍投资方的利益，因此限制作者权利并宽容对待权利的限制和例外，才是版权保护的应有之义，故版权保护路径重在限权。特别是在法定主义观点影响下，限权是著作权法的应有之义。限权路径的逻辑如下：

版权（功利主义）→控制作品复制、传播→限制作者权利→宽容对待权利的限制和例外→获取财产性受益→限权

总体而言，上述两种保护路径分别对应的是：原有两种理念下产生的赋权、限权的体系构造。两种体系框架下的制度设计，又具有各自的特征和表现。本书设立的新理念——工具主义保护理念，将著作权法作为利益分配的手段，通过公平分配达成促进作品利用的价值追求，必然与自然权利和功利主义理念下的控制手段有所区别。这种区别体现在对权利赋予和权利限制内容的利益衡量，即在总体性的著作权体系设计之时，就将赋权与限权问题同时并重进行思考。通过"赋权－限权"并重的体系重塑，

体现理念中的公平分配作品利益手段。当然，赋权与限权是一组相对的关系。以著作权法的权利人视角，对权利人进行赋权就是对社会公众获取作品的限制。而对权利人进行的限制，即为对社会公众接触作品的权利赋予。若以社会公众为视角进行考察，亦是如此。从这一角度，也可以说以"赋权－限权"并重的体系作为制度重塑的分析框架，是对著作权法中私人权利与社会公众的公共利益间利益平衡的体现。

著作权法"赋权－限权"并重的权利体系，要求在赋权制度建立时就思考相应限权的内容、如何平衡及巧妙结合。这种在设立之初就平衡赋权与限权制度的方式，是新理念独具的开创性实现方式。具体而言，赋权与限权并重的体系化构建，需要围绕以下两个问题进行：其一，基于权利人视角，赋权部分应当包含哪些制度，相应的限权部分应当包含哪方面的内容，两者在具体制度安排时是否并重或得到了综合衡量（利益考量）。其二，基于社会公众视角，赋权与限权内容应当尽量明确具体，还是应当更为灵活抽象。前一个问题决定了著作权法制度应当包含的模块和不同模块间的关系，后一个问题决定了具体制度规定的模式。接下来针对这两个问题，我们将通过具体的赋权与限权制度重塑进行探讨。

第二节 赋权制度重塑

赋权，是赋予权利的简称。近年来知识产权法学者都是围绕

新型财产（如数据）是否应当赋权这一角度探讨赋权问题的。❶
因为针对新型财产问题，与立法赋权模式相对应的是行为规制模
式。此时，学者们探讨的是一种赋权保护模式还是用利益兜底保
护模式的选择。❷ 当作品的财产性利益出现时，赋权与否、能否
对利益侵犯行为予以规制而不赋权保护，都曾经是法律制度设立
时的选项之一。❸ 虽然如今世界范围内都已承认并保护了作品之
上的著作权，但赋权的具体方式却有所不同。著作权法学者在谈
论赋权这一问题时，也有各自的角度和立场。自然权利和法定权
利的不同主张，使学者们对于赋权的内容以及方式产生争议。❹
虽无意陷入著作权究竟是自然权利还是法定权利的争辩中，但是
这似乎又是本书研究内容无法绕开的问题。当然，摒弃旧有的自
然权利保护理念和功利主义保护理念，转向新工具主义理念，似
乎也已经说明了本书的立场。至少在新的理念下，著作权法是一

---

❶ 从 2018 年起，关于数据赋权的探讨就进入了知识产权法学者的视线。姬蕾蕾.
数据产业者财产赋权保护研究 [J]. 图书馆建设, 2018 (1)：54 - 59. 郝思洋.
知识产权视角下数据财产的制度选项 [J]. 知识产权, 2019 (9)：45 - 60.

❷ 宁立志, 傅显扬. 论数据的法律规制模式选择 [J]. 知识产权, 2019 (12)：
27 - 35.

❸ 比如, 李琛教授指出："网络时代之前的新技术引发的主要问题是赋权问题, 即
著作权是否需要延伸到新的传播领域。"李琛. 著作权基本理论批判 [M]. 北
京：知识产权出版社, 2013：50.

❹ 比如王迁教授就站在自然权利的立场上, 反复强调著作权法是赋权之法. 王迁.
论著作权保护刑民衔接的正当性 [J]. 法学, 2021 (8)：3 - 19. 而有些学者往
往站在法定权利的立场, 认为规定专有财产权的法律规范在赋权的同时, 亦设定
他人乃至公众的义务, 因此须严格坚持权利法定原则, 以免损及公共利益. 刘银
良. 著作权兜底条款的是非与选择 [J]. 法学, 2019 (11)：118 - 135. 关于法
定与自由权利之争的论述, 还可参见：熊琦. 著作权法定与自由的悖论调和
[J]. 政法论坛, 2017, 35 (3)：82 - 93.

项分配作品利用后产生利益的工具，而非单纯自然权利的赋权之法。那么，新的工具主义理念下著作权究竟是作者权利的赋予还是对公众权利的限制？正如前文所言，恐怕二者兼而有之。

回到前文提出的问题——赋权制度应当包含哪些内容，这个问题还要从传统民法对于权利的构成要素入手。民法中民事权利的要素结构是：权利客体、权利主体与权利内容。❶ 著作权法赋权的结构也是由著作权的客体——作品/制品、主体——作者/权利人、内容——财产权/人身权构成的。由于作者/权利人分别在创作行为和权利的连接下，与作品/制品和权利内容有了一定的联系，故本书以作品体系来分析作品与作者的赋权和归属内容，再以权利体系来分析作品之上权利人的权利内容。接下来，即按照赋权客体和赋权内容的体系重塑，对著作权法"赋权－限权"体系并重的具体制度重塑进行研究。

一、作品体系重塑

作为著作权的客体，也是著作权法保护的对象，作品及其体系的重要性不言而喻。基于作品概念和类型化的体系性立法表达，著作权法的保护才得以开展，著作权法的理论研究才得以进行。因此，在著作权法具体赋权制度的重塑部分，就以作品体系的重塑为起点进行探讨。

---

❶ 李永军. 民事权利体系研究 [M]. 北京：中国政法大学出版社，2007：49.

（一）作品体系重塑的理念诠释

在被赋予公平分配利益以促进作品利用的手段和价值追求后，新的理念——工具主义保护理念最终得以确立。在此理念下对作品体系进行重塑，首先需要明确新理念在赋权体系中作品体系的价值指引方面应当包含的要义。

公平分配以促进作品利用这一价值追求，相对于以往控制作品复制或传播权的手段体现的价值追求而言，是一种促进创作的价值追求。虽然促进作品利用看上去不如直接促进创作价值更能体现著作权法对创作行为的反作用，但作品本身含义中就包含了创作。促进作品利用，实际上就是促进创作行为产生内容的利用。创作行为成果利用丰富，亦会带动创作行为的丰富和发展。这种促进作品利用的价值追求，符合当下创作行为扩张的现实。那么，关于作品体系的构造，要如何体现公平分配以促进作品利用呢？如果著作权法中对于作品的定义过于狭窄，那么相当数量的作品不能被著作权法所保护，由其产生的利益也难以通过著作权法进行公平分配，这些作品被利用的可能性自然会降低。而如果作品定义过于宽泛，那么很可能导致任何内容均被赋权，有碍社会公众对内容的自由使用。虽然名义上进行了保护，实际上却产生了利用的阻碍，也无法达成促进作品利用的设想。

此时，我们需要对作品的概念和类别进行界定，既要确保符合概念的作品易于被赋权保护，又要通过限制确保不符合作品概念的内容易于被排除在保护范围之外。此种作品体系的设计理念就反映了赋权与限权并重的权利体系构造。故作品概念的范围界定和便于勘验的类型化表达，是作品体系重塑的关键，下面分别进行研究。

（二）作品概念重塑

作品的概念，向来是著作权法中最具争议性的内容。例如我国第三次修改后的《著作权法》就在第3条进行了抽象定义＋开放性列举模式的规定，即先抽象出作品的特征，将其规定为"本法所称的作品，是指文学、艺术和科学领域内具有独创性并能以一定形式表现的智力成果"。接着列举八项具体类型（文字、口述、音乐、美术、摄影、视听、工程设计图、软件等），后又加上"（九）符合作品特征的其他智力成果"。相较于过去单纯的封闭式列举形式而言，❶ 新作品概念的抽象表达特征，加上更有实践操作性的开放式规定，无疑是具有进步性的。这种新的作品概念设计，是为了满足创新行为扩张下新型作品类型不断出现的

---

❶ 在第三次修改前，我国《著作权法》第3条的内容是："本法所称的作品，包括以下列形式创作的文学、艺术和自然科学、社会科学、工程技术等作品：（一）文字作品；（二）口述作品；（三）音乐、戏剧、曲艺、舞蹈、杂技艺术作品；（四）美术、建筑作品；（五）摄影作品；（六）电影作品和以类似摄制电影的方法创作的作品；（七）工程设计图、产品设计图、地图、示意图等图形作品和模型作品；（八）计算机软件；（九）法律、行政法规规定的其他作品。"该种规定是一种列举形式的作品概念表达方式，虽然第九项内容看似开放，但实际上我国法律、行政法规从未规定其他作品，导致司法实践中面对不在列举内的作品保护时遇到了制度困境。我国《著作权法实施条例》第2条规定："著作权法所称作品，是指文学、艺术和科学领域内具有独创性并能以某种有形式复制的智力成果。"虽然该条规定以抽象的概念形式展示了作品的特征，但是无法克服上述封闭式列举带来的适用困境。

现实需求而进行的。比如，音乐喷泉、❶ 网络游戏规则❷或画面、❸ 体育赛事节目画面❹等的可版权性问题，在过去的法律实践中就充满争议。对于类型化问题的重塑下文将进行研究，在这里，我们先对作品概念最为核心的抽象定义进行思考。

从单纯地列举到抽象地定义，是新修改的《著作权法》关于作品概念的重要修订内容。其中，作品的定义——"有独创性并能以一定形式表现的智力成果"，主要来源于《著作权法实施条例》第 2 条。独创性的作品要件首次被规定于法律之中，是作品特征可成为验证新型作品类型是否可以受《著作权法》保护的重要一步。然而，《著作权法》通过独创性的确认，对具有独

---

❶ 参见：北京知识产权法院（2017）京 73 民终 1404 号民事判决书。关于此案的评论，可参见王迁. 论作品类型化的法律意义：兼评"音乐喷泉"案［J］. 法学评论，2019（3）：11 – 17.

❷ 参见：卢海君. 网络游戏规则的著作权法地位［J］. 经贸法律评论，2020（1）：134 – 143. 朱艺浩. 论网络游戏规则的著作权法保护［J］. 知识产权，2018（2）：67 – 76. 曾晰，关永红. 网络游戏规则的著作权保护及其路径探微［J］. 知识产权，2017（6）：68 – 73. 郝敏. 网络游戏要素的知识产权保护［J］. 知识产权，2016（1）：69 – 77. 董瀚月. 网络游戏规则的著作权法保护［J］. 上海政法学院学报（法治论丛），2016，31（3）：102 – 109.

❸ 关于网络游戏的判决，可参见：江苏省高级人民法院（2018）苏民终 1054 号民事判决书；广东省高级人民法院（2021）粤民终 1035 号民事判决书。涉及网络游戏相关作品问题的探讨，可参见：陈锦川. 视听作品著作权是否可以延伸至情节、音乐、美术等内容［J］. 中国版权，2021（4）：34. 崔国斌. 视听作品画面与内容的二分思路［J］. 知识产权，2020（5）：39. 张伟君. 呈现于视听作品中的游戏规则依然是思想而并非表达：对若干游戏著作权侵权纠纷案判决的评述［J］. 电子知识产权，2021（5）：68.

❹ 在"新浪公司诉天盈九州公司侵犯著作权及不正当竞争纠纷案"和"央视国际公司诉北京暴风公司侵害著作权纠纷案"两案中，北京知识产权法院均以体育赛事节目未达到类电作品的创作高度为由，否定体育赛事节目的作品属性。参见：北京知识产权法院（2015）京知民终字第 178 号民事判决书；北京知识产权法院（2015）京知民终字第 1055 号民事判决书。

创性的智力成果赋权进行保护，权利人由此开始享有对该独创性
智力成果的控制权。将作品概念进行抽象，并开放式地保护所有
具备独创性的作品，无疑是一种客体扩张的表现，也是赋权扩张
的表现。再加上合理使用制度的修改，对限权进行了限制，造成
的结果一边是赋权的扩张，另一边是限权的限缩。整体而言，我
国《著作权法》第三次修改，将天平倒向了赋权一方，破坏了
已有的利益平衡。

如前文所述，赋权与限权并重的权利体系，才是工具主义保
护理念下公平分配作品利益手段得以实现的路径保障。而我国新
修改的《著作权法》仅规定将具备独创性的智力成果认定为作
品，并未对独创性的对象是思想还是表达进行区分，特别是未将
思想进行排除。❶ 实际上，思想/表达两分法在国内外司法实践
中已被广泛运用，❷ 理论研究也相当丰富，❸ 世界范围内各国也

---

❶ 比如有学者质疑《著作权法修正案（草案二次审议稿）》，指出："在保护客体层
面，应明确规定思想表达两分原则，即著作权只保护思想的表达方式，而不保护
思想本身。"卢海君. 我国《著作权法》修订应遵循的基本原则：兼评《著作权
法修正案（草案二次审议稿）》[J]. 中国出版，2020（19）：19.

❷ 这一原则的形成源自判例，美国 *Baker v. Selden* 案被公认为现代思想/表达二分法
原则的发端。

❸ 比如，冯晓青教授等指出："将著作权限制在表达而非思想的范围内，不仅没有
背离作者对其创造性贡献享有所有权的分配公平理念，其还通过一个持续不断增
长的知识的公共领域确保了社会公众的接触与表达自由，从而促进了经济自主
化、政治民主化与思想多元化。"冯晓青，习佳星. 从价值取向到涵摄目的：
"思想/表达二分法"的概念澄清[J]. 上海交通大学学报（哲学社会科学版），
2021，29（2）：27 - 39. 卢海君. 论思想表达两分法的法律地位[J]. 知识产
权，2017（9）：20 - 26.

早已达成著作权法的保护不延及思想的共识。❶ 而我国《著作权法》不仅未在作品概念中对表达予以肯定，而且更未在概念或其他条文中对思想的保护予以否定。"以一定形式表现"的要件，也仅是对过去"能以某种有形形式复制的"要件的修改，并非一种出于对表达的肯定而排除思想的描述。此种作品概念的抽象定义，的确利于使具备独创性的创作成果得到法律的认可和保护，但是当作品扩张时，作品的思想可能同表达一起获得扩张后的保护。这种局面对于促进作品利用而言，并不十分有利。

思想/表达二分法，在作品定义层面，结合独创性一起承担起赋权过程的确权责任；在侵权判定层面，又联合实质性相似一起完成涉案作品比对的重任。不同层面的功能目标是不同的。在作品可版权性的立法角度，将思想、表达相界分的目的是排除思想的保护。而在侵权认定的司法角度，区分思想与表达的目的，则是在价值衡量下确定实质性相似的内容是否为表达。换言之，前者主要处理"前置性权利基础范围的界定，后者服务于涉诉衍生作品对原作要素使用行为的法律性质判断"❷。由于思想/表达两分法的界分过程并没有统一的标准，加之表达本身难以与所表

---

❶ 比如，1976 年美国版权法第 102 条（b）规定，版权法不保护思想、程序、工序、系统、操作方法、概念、原则或发现，而不管它们在作品中被描述、解释、演示或者体现的形式如何。《世界知识产权组织版权条约》第 2 条也有明确规定。《与贸易有关的知识产权协定》（TRIPS）第 9 条第 2 款也规定："版权保护仅延伸至表达，而不延及思想、程序、操作方法或数学概念本身。"

❷ 比如，有学者指出：一方面，"思想/表达二分"在制定法层面提供受著作权保护对象的抽象界定原则。另一方面，则是通过"二分"的规范性解释，在个案具体裁判中确定合理的"实质性相似"比较的基本范围。徐珉川."众创"时代数字内容侵权中的"思想/表达二分"[J].法学评论，2022，40（6）：65.

达的思想相割裂，故"两分"从一开始就像是一个伪命题。由此，有学者指出："'思想/表达二分法'仅仅是价值判断之后的修辞技巧，而不是关涉事实认定的科学标准。"它"无法向我们提供一套价值判断的客观标准，因为这本不是它的任务"。❶ 为何一个没有客观标准的原则性内容，在著作权法领域却又如此重要呢？因为相较于没有此原则进行作品可版权性界定和侵权判定而言，在此原则下，无论是赋权的合理性说明，还是侵权的判定说理，都更具有说服力。同时，作为一项普遍接受的原则，此原则亦可在价值判断过程中规范性地解释各方的利益诉求。更为重要的是，思想/表达二分原则可以满足赋权与限权并重的制度需求。

如前文所述，在开放式的作品定义和封闭式的合理使用规则下，著作权法律制度的天平早已倾斜至赋权领域。此时，在赋权制度构建中，明确将思想排除，可以缓和失衡的权利体系。同时，在司法审判实践中，也可作为法官审理案件的直接法律依据，而不必再依靠说理和解释进行间接说明。在行为指引层面，也可树立正向的创作观。立法层面，依靠该原则可达到赋权的同时进行限权的考量；司法层面，亦可通过该原则贯彻著作权法的保护理念，即公平分配利益以促进作品利用。例如在新型创作行为产生作品的侵权认定方面，该原则的适用，可以减少不合理的权利要求，避免作品的思想被过度垄断而影响整体的作品利用。

除了独创性表达外，创作的概念也应当在著作权法中予以明

---

❶ 熊文聪. 被误读的"思想/表达二分法"：以法律修辞学为视角的考察 [J]. 现代法学，2012，34（6）：168-179.

确。因为独创性表达中的"独创",是独立进行创作。而何为创作,其回答则涉及现今人工智能生成内容是否可以获得保护的关键。对创作的认识,究竟是直接创作才能产生作品抑或是间接创作即可,法律似乎给出了答案。我国《著作权法》对作者定义时指明:创作作品的自然人是作者。❶ 又在《著作权法实施条例》第 3 条指明:"著作权法所称创作,是指直接产生文学、艺术和科学作品的智力活动。为他人创作进行组织工作,提供咨询意见、物质条件,或者进行其他辅助工作,均不视为创作。"据此,有学者指出:"'直接产生……作品'强调的是民事主体决定构成作品所需表达性要素的自由意志。其与作品之间的联系如此紧密,以至于只能用'直接'而非'间接'予以描述。"❷ 依照此种理解,只有原创作品的创作过程,才属于著作权法中的"创作",而演绎性创作——对他人作品利用后产生新作品(如翻译作品、改编作品或者是汇编作品等演绎作品)的行为,则限于意志的不"自由"而缺乏决定表达要素的直接性,其创作过程只能是间接产生作品,不符合著作权法的"创作"含义。上述对创作含义的理解,更趋向于对原创的尊重和保护。而在如今人人皆可创作的时代,将创作行为限定于原创范围内的认知明显不符合社会文化发展需求。

当我们重新审视《著作权法实施条例》第 3 条第 1 款对创作

---

❶ 《著作权法》第 11 条规定第 1 款和第 2 款:"著作权属于作者,本法另有规定的除外。创作作品的自然人是作者。"
❷ 王迁. 再论人工智能生成的内容在著作权法中的定性 [J]. 政法论坛,2023(4):24.

的解释，即"著作权法所称创作，是指直接产生文学、艺术和科学作品的智力活动"以及第 2 款的排除性规定，即"为他人创作进行组织工作，提供咨询意见、物质条件，或者进行其他辅助工作，均不视为创作"应当明确该条例中"直接产生"对应的"不直接"行为应当是仅为创作提供辅助工作，不参与创作活动的行为，目的是将非参与创作的人排除在"创作作品的自然人是作者"这一法律规定的作者行列，并不是对创作行为与作品产生的直接性关系进行限定。结合前文对原创及演绎性创作的思考也可以得知，在对创作进行界定时，应当强调创作行为与作品产生的关系，即创作产生作品，而不应当限定产生作品的具体方式（直接与否），更不应当对创作进行限缩解释（仅原创）。

作品的概念，是著作权法对创作行为产生内容赋权的第一步，即界定受法律保护作品的内涵及外延。在依照赋权与限权并重的体系性思维，对作品概念进行重塑时，需要明确作品概念赋权中的限权内容，即只保护有独创性的表达，而不保护无独创性的表达以及无论有无创新性的思想。当然，思想与表达的界分并非容易，但这并不影响法律对其进行明确规定。将独创性的表达予以保护并明确排除对思想的保护，便于在司法实践中，利用思想/表达两分法对作品保护范围进行界定，法律规定实际起到了良好的指引作用。新修改的《著作权法》虽然通过下定义的方式抽象出了作品的概念，但却舍弃了原有的利用"创作"界定作品的方式，仅将"创作"一词保留在了作者概念中。然而，在对作者概念进行解释时，又忽略了"创作"涵义的解释，容易引起人们对创作概念的误读。因此，在作品概念描述时，应当明确《著作权法》保护的作品，是基于创作产生的独创性表达。建议将作品概念规定如下：

第×条 本法保护作品的独创性表达。

本法所称的作品，是指文学、艺术和科学领域内能以一定形式表现的智力创作成果。

（三）作品类型化重塑

新修改的《著作权法》沿用过去的类型化方式，在对作品概念进行完善的基础之上，没有对具体的类型化内容进行实质性修改，仅将最后的封闭式列举方式改成了开放式的兜底条款，即将第9项的内容从"法律、行政法规规定的其他作品"修改为了"符合作品特征的其他智力成果"。

1. 类型化的意义

在著作权法立法的制度设计上，各国通常采用概念＋列举的方式，对作品的内涵和外延进行界定。除了规定作品的概念外，著作权法还会列举作品的类型。我国《著作权法》也采用了此种方式，在对作品进行类型化表达时，主要借鉴的是《伯尔尼公约》对作品种类的规定。由于该公约中类型化内容较为丰富，因此在过去的司法实践中，极少出现因作品类型问题产生的争议。类型化的意义，体现在提升法院审理案件的效率，以及规范性指引的功能上。然而，类型化本身的性质、分类方式与技巧，也会对其具体适用产生影响。

比如，类型化是例示性的还是限定性的，就体现出了不同理念对法律解释方法的选择。类型化为例示性的目的，是便于司法实践中法官对涉案作品类别进行快速、明确的辨别，节省对作品概念进行阐释和说理的程序。在例示性类型化的观念下，类型化并不对作品进行限制，即符合作品概念的内容，即便不属于例示性的具体类别，依然可以获得法律保护。此种观念对应的是著作权法的自然权利保护观念，即只要符合作品内涵皆应当被赋权保护。换言之，在法律解释时，更注重赋权。而限定性的类型化，更倾向于对作品类别进行限制。凡不属于法律明确规定的具体类型的作品，即便符合作品概念中的要件规定，依然不能对其进行保护。此种限定性的类型化理念，实际上反映的是严格的作品类型法定主义观念。❶ 此种理念根植于著作权是一项法定而非自然权利。因此，在对法律进行解释时，权利限制观念占据了主导地位。

2. 兜底条款的意义

除了类型化的性质外，类型化究竟是封闭的还是开放的问题，也十分重要。如前文所述，新修改的《著作权法》最终将封闭式的列举方式改为了开放式的兜底条款。此种兜底性的作品类别规定，同上述作品的类型化一样，一直以来都备受争议。支持兜底条款存在的学者们认为，此种方式可以通过激活作品定义条款，实现已列举作品类型的例示性。❷ 而反对观点则是建立在

---

❶ 卢海君. "作品类型法定原则"批判 [J]. 社会科学，2020（9）：95–103.

❷ 李琛教授在其文章中特别指出：不赞同"绝对作品法定主义"。因为"绝对作品法定主义"，反映了仅仅因为无法在现行法中归类而拒绝予以著作权保护的立场。此种立场，违反了作品类型的例示性。李琛. 论作品类型化的法律意义 [J]. 知识产权，2018（8）：3–7.

兜底性条款的设立缺乏必要性和可行性的基础之上的。❶ 除了理论争议外,作品类型化的兜底性条款问题,也是《著作权法》第三次修改中令立法者极为纠结的内容。2014 年 6 月国务院法制办公布的《著作权法(修订草案送审稿)》,首次放弃作品类型的法定。❷ 然而,2020 年 4 月全国人大常委会法制工作委员会公布的《著作权法修正案(草案)》,又在第 3 条继续保持了作品类型封闭式列举的规定(对原有第 3 条第 9 项的规定未作任何修改)。到了 2020 年 8 月 17 日,全国人大常委会法制工作委员会公布的《著作权法修正案(草案)》,却又将第 3 条第 9 项调整为"符合作品特征的其他智力成果"。❸ 修法过程中的反复,也呼应了理论界对于作品类型是否法定的正反观点及其对应的不同司法观念。❹

作品的类型化,经历了不进行类型化列举,到封闭式的列举,再到开放式列举的立法尝试。兜底条款就是用来放开过于封闭的类型化设计,减少类型化不足引发的现实问题。不同的类型化方式,均对应着不同的保护理念。不进行类型化列举,或开放

---

❶ 例如,刘银良教授在文章中指出:"我国著作权法设置作品类型与著作权兜底条款有违立法与司法的权力配置原则,也不具备现实的必要性和充分的合理性,且已导致著作权法适用的混乱和法律的不确定性,建议在第三次修正案中删除。"刘银良. 著作权兜底条款的是非与选择 [J]. 法学, 2019 (11): 118 – 135.

❷ 该送审稿第 5 条第 16 项规定为"其他文学、艺术和科学作品",意味着非例示类型作品获得著作权保护无须"法律、行政法规的规定"。

❸ 该表述为新修改的《著作权法》作品类型化部分的最后版本。

❹ 2020 年修改的《著作权法》对于作品类型制度的调整,至少在实在法上终结了作品类型应否法定的争议,即确定无疑地放弃作品类型法定,因为其不再要求第 3 条例示类型之外的作品必须由"法律、行政法规规定",只要是"符合作品特征的其他智力成果"即可。刘铁光. 非例示类型作品与例示类型作品之间的司法适用关系 [J]. 法学评论, 2023, 41 (4): 77 – 88.

式的列举，以及例示性的类型化方式，对应的是以赋权为核心的保护理念。而封闭性的列举或者限定性的类型化方式，对应的是以限权为核心的保护理念。由于我们已经确立了促进作品利用的保护理念，因此在制度构建时遵循"赋权－限权"并重的权利体系构建。此时，在选择类型化的具体内容和模式上，必然对作品利用的促进有所侧重。

由于创作行为的扩张，演绎性创作逐步增多。作品的利用方式之一，就是成为演绎性创作的素材。按照现有的作品类型，我们很难找出演绎性创作对应的固定作品类别。实际上现行《著作权法》规定的作品类别分别为：（1）文字作品；（2）口述作品；（3）音乐、戏剧、曲艺、舞蹈、杂技艺术作品；（4）美术、建筑作品；（5）摄影作品；（6）视听作品；（7）工程设计图、产品设计图、地图、示意图等图形作品和模型作品；（8）计算机软件。其中对戏剧、曲艺、杂技和舞蹈作品类别进行如此细化的区分，意义究竟为何？美术作品和建筑作品为何放在一起，而图形作品和模型作品为何规定至一处？建筑作品与模型作品的相似程度，难道不高于其与美术作品的相似程度吗？音乐作品与舞蹈等作品放置一处，又是出于何种目的？当然，我们清楚这些现有作品类别的列举，均是建立在对已有作品类型进行总结以及实践需求的基础上，不断丰富完善的。但每出现一种作品，就进行列举内容的添加，实在不是一个明智之举。特别是前人工智能时代，技术带来的是传播方式的扩张，传播权能的增补已经让我们应接不暇。而在后人工智能时代，技术会带来创作方式变革。不同创作方式会产生不同类型的表达，直接促进新作品类别的产生，而演绎性创作的继续扩张，也必然会引发新作品类型的几何式增长。

　　过去网络游戏（直播）画面是否构成作品的问题,❶ 实际上就是源于我国《著作权法》中旧的作品类别过于封闭（抽象定义不明、类型化不足），导致司法实践中无法将该画面直接判定为某一种作品类别，而无法依法进行保护的尴尬。在对网络游戏寻求著作权法保护的过程中，对适用"类电作品"予以保护逐步形成了共识。❷ 与此种困境相似的，还有体育赛事节目画面的可版权性问题。由于体育赛事直播节目画面包含了本就饱受争议的体育赛事画面独创性高低问题，直播此种不知能否构成作品的画面，加上节目中其他元素后形成的画面，其性质认定问题更是难上加难。这些困境发生在本次《著作权法》修改前，但修改后的内容就可以完全解决此等问题了吗？

　　虽然新修改的《著作权法》在类型化问题上加入了兜底性条款，解决了部分类型化不足的问题，但是我们也应当看到，修改后的作品概念仍有提升的空间，比如在他人原创网络游戏基础之上，创作的新游戏认定问题。如果原创游戏 A 的权利人许可不同主体进行游戏改编，形成了 B、C 两个游戏作品，则 B 与 C 之

---

❶ 在"上海耀宇文化传媒有限公司与广州斗鱼网络科技有限公司侵犯著作权、不正当竞争纠纷上诉案"中，上海知识产权法院否定了网络游戏直播节目的作品属性，参见：上海知识产权法院（2015）沪知民终字第81号民事判决书。在《奇迹 MU》诉《奇迹神话》案（参见上海市浦东新区人民法院（2015）浦民三（知）初字第529号民事判决书）中，法院将游戏的整体画面认定为类电作品予以保护。

❷ 李扬. 网络游戏直播中的著作权问题［J］. 知识产权，2017（1）：14-24. 冯晓青. 网络游戏直播画面的作品属性及其相关著作权问题研究［J］. 知识产权，2017（1）：3-13. 来小鹏，贺文奕. 论电子游戏画面的作品属性［J］. 电子知识产权，2019（11）：30-40. 赵银雀，余晖. 电子竞技游戏动态画面的可版权性研究［J］. 知识产权，2017（1）：41-45. 上海市浦东新区人民法院（2015）浦民三（知）初字第529号民事判决书；上海知识产权法院（2016）沪73民终190号民事判决书；广州知识产权法院（2015）粤知法著民初字第16号民事判决书等。

间也可能有部分内容实质性相似。如果 B 与 C 间实质性相似的内容都源于原创内容 A，貌似 B 与 C 间是不相互侵权的。但是，如果 C 未经原创许可进行改编，其内容与 B 有所相似，并且相似部分实际上来源于原创游戏 A，那么 B 作品权利人向法院起诉 C 侵权时，法院是将 C 认定为 B 的非法演绎作品，还是原创 A 的非法演绎作品？恐怕在现行规定下很难进行认定。❶ 因为我国《著作权法》的作品类别并不包含演绎作品、汇编作品等，至少不是在作品类型化之中规定的。作品类型化的现有模式，来源于非互联网发达时期的《伯尔尼公约》。创作模式几经变化，创作行为更是不断扩张，仍以旧有技术和原创盛行时期的类型化内容来区分现有和未来的新型作品类别，恐有不适。

综合"赋权－限权"并重的体系化思维和创作行为扩张的现实，我们不妨尝试两种分类方法。其一，以文字作品、美术作品、音乐作品、视听作品、艺术作品和图形作品的例示性分类，作为作品的基础类型化的规定，并加上兜底性条款，用来弥补类型化不足的缺陷。其二，在上述分类基础之上，对作品进行原创性和演绎性创作的分类，即明确规定作品包含原创作品及演绎作品，并针对演绎作品的保护内容边界进行限定，避免对演绎作品进行保护提高后续创作的成本。❷ 同时对演绎权的权利行使进行

---

❶ 实际上，我国司法实践中审理网络游戏侵权案件时，遇到过此类问题。而法院对在后游戏与原告游戏相似之处是否来源于案外原创游戏，并没有进行比对和说明。如在《蓝月传奇》诉《烈焰武尊》案件的二审过程中，上诉人（原审被告）指出："《蓝月传奇》和《烈焰武尊》均改编自《热血传奇》游戏，一审判决将多处来源于《热血传奇》授权的游戏元素认定为《蓝月传奇》的独创性表达存在错误。"参见：浙江省高级人民法院（2019）浙民终 709 号民事判决书。

❷ GOOLD P R. Why the U. K. Adaptation Right Is Superior to the U. S. Derivative Work Right [J]. Nebraska Law Review, 2014, 92：843, 844 – 845.

限制，避免过于宽泛的演绎权"阻碍了人们创作出多元化、廉价且具有号召力的新表达，有碍'重混文化'的发展"。❶

二、权利体系重塑

我国《著作权法》对于作品进行赋权，采取的是作者权保护理念下大陆法系国家特有的著作权与邻接权同在、人身性与财产性权利共存的权利体系，❷针对不同的权利种类，分别制定了

---

❶ BAMBAUER D E. Faulty Math: The Economics of Legalizing the Grey Album [J]. Alabama Law Review, 2008, 57: 345, 346.

❷ 我国《著作权法》第10条规定："著作权包括下列人身权和财产权：（一）发表权，即决定作品是否公之于众的权利；（二）署名权，即表明作者身份，在作品上署名的权利；（三）修改权，即修改或者授权他人修改作品的权利；（四）保护作品完整权，即保护作品不受歪曲、篡改的权利；（五）复制权，即以印刷、复印、拓印、录音、录像、翻录、翻拍、数字化等方式将作品制作一份或者多份的权利；（六）发行权，即以出售或者赠与方式向公众提供作品的原件或者复制件的权利；（七）出租权，即有偿许可他人临时使用视听作品、计算机软件的原件或者复制件的权利，计算机软件不是出租的主要标的除外；（八）展览权，即公开陈列美术作品、摄影作品的原件或者复制件的权利；（九）表演权，即公开表演作品，以及用各种手段公开播送作品的表演的权利；（十）放映权，即通过放映机、幻灯机等技术设备公开再现美术、摄影、视听作品等的权利；（十一）广播权，即以有线或者无线方式公开传播或者转播作品，以及通过扩音器或者其他传送符号、声音、图像的类似工具向公众传播广播的作品的权利，但不包括本款第十二项规定的权利；（十二）信息网络传播权，即以有线或者无线方式向公众提供，使公众可以在其选定的时间和地点获得作品的权利；（十三）摄制权，即以摄制视听作品的方法将作品固定在载体上的权利；（十四）改编权，即改变作品，创作出具有独创性的新作品的权利；（十五）翻译权，即将作品从一种语言文字转换成另一种语言文字的权利；（十六）汇编权，即将作品或者作品的片段通过选择或者编排，汇集成新作品的权利；（十七）应当由著作权人享有的其他权利。著作权人可以许可他人行使前款第五项至第十七项规定的权利，并依照约定或者本法有关规定获得报酬。著作权人可以全部或者部分转让本条第一款第五项至第十七项规定的权利，并依照约定或者本法有关规定获得报酬。"

保护期限以及权利行使规则。

（一）权利体系重塑的理念诠释

权利内容，是权利构成要素中最为核心的内容。通俗地说，权利构成要素要解决的问题就是针对什么（客体）给谁（主体）什么样的权利（内容）。著作权法的权利内容，就是确定权利人在作品之上享有何种被法律保护的权利。由不同权利内容结合而成的体系，就是权利体系。著作权法特有的复杂权利内容，构成了独特的著作权权利体系，包含著作权与邻接权体系，以及人身权与财产权的体系。

依照前文分析，可以得知著作权法的理念应当是通过公平分配作品利益，达成促进作品利用的价值追求。此时，我们在新理念指引下，确立了赋权 - 限权并重的著作权法制度分析框架。促进作品利用的价值追求，要求在权利体系重塑时，需要转变以控制权为中心的权利体系，对利用权为中心的权利体系进行制度化的设计。而赋权 - 限权并重的框架，又要求在权利设置之时，就对权利的边界进行安排。因此，同作品体系重塑一样，权利体系的重塑也需要从不同角度进行，对不同的权利体系进行思考，设计出符合理念的具体制度。

（二）著作权与邻接权体系重塑

著作权法历来只保护具有独创性的作品，并由此建立起了以鼓励创作为核心的保护理念。通过理论解释，将保护创作表达为保护作品的独创性，进行法律安排。而传播技术的发展，使得作品传播人投入大量资金对作品进行传播。此时的传播过程并不具备传统著作权法要求的独创性投入，如何保护传播者的利益成为著作权法律制度面临的巨大挑战。邻接权的创设，解决了上述问题。著作权法的权利体系，从著作权扩张至邻接权，使得原有针对作品的保护制度，受到了冲击。故邻接权的设立，在世界范围内受到了不同程度的反对。1961 年的《罗马公约》开始保护表演者、录音制品制作者及广播组织的权益，这使得邻接权制度在国际法律体系中首次获得确认。随后世界知识产权组织（WIPO）专门针对著作权与邻接权进行了释义——《著作权与邻接权法律术语汇编》。在该释义中对邻接权进行了说明："在越来越多的国家，就表演者、录音制品制作者和广播组织进行的与公开使用作者的作品、各种艺术家的演出或与向公众传播事件、信息及任何声音、图像相关的活动，而赋予的保护其利益的权利。其中最重要的几类是：表演者防止未经其同意而固定、直接播放或向公众传播其表演的权利；录音制品制作者授权或禁止复制其录音制品和进口、发行该录音制品的未经授权的复制件的权利；广播组织授权或禁止转播、固定和复制其广播电视节目的权利。"❶ TRIPS 采用相关权利（related rights）的表述替代了邻接权一词，意在对作者权体系和版权体系的矛盾进行模糊化处理，并且同时将著作权与邻接权所规范的客体纳入了其中进行统一规范。❷

---

❶ 世界知识产权组织. 著作权与邻接权法律术语汇编［M］. 刘波林，译. 北京：北京大学出版社，2007：64.

❷ TRIPS 第 14 条规定，各成员可就表演者、录音制品制作者及广播组织三者作为邻接权主体加以保护，从而确认了邻接权的保护内容。

我国的《著作权法》在广义的著作权范畴内，同时规定了狭义的著作权和邻接权这两种权利。将两种不同种类的权利规定于同一种法律制度下，说明两种权利所保护的客体不同、权利内容不同，然而权利间具有一定的关联。学界普遍认为，邻接权产生的原因，主要基于"独创性缺失"理论，即邻接权保护的客体相较于著作权保护的客体而言，独创性有所缺失。但由于对邻接权保护可以促进作品传播，故需要对其进行与作品保护相区别的制度设计。然而，在对"独创性缺失"理论进行解释时，却出现了"独创性高低"和"独创性有无"这两种观点。

有的学者主张区分著作权保护与邻接权保护的客体，要以独创性高低为标准。❶ 因为邻接权与著作权的规范本质上是一致的，即客体应该是具有独创性的表达。❷ 在司法实践中，法院在区分著作权和邻接权时，也常常以"独创性的高低"代替"独创性的有无"，"独创性不够"和"无独创性"这两种表述的使用也较为随意。❸ 而针对邻接权保护客体与著作权保护客体的差

❶ 有学者指出："立足独创性标准是狭义著作权与邻接权客体共通的应有之义。邻接权相关研究都认为无论是表演、录音、录像还是摄制编排而成的广播电视节目，都一定程度上体现了邻接权人的个性选择和智力投入，是作品演绎者们个性的展现，也存在新的创作成分，并非机械的复制与再现。"徐聪，李子昂. 邻接权的体系构成：本源、性质、扩张 [J]. 上海大学学报（社会科学版），2021，38（4）：85 –97.

❷ 刘春田，熊文聪. 著作权抑或邻接权：综艺晚会网络直播版权的法理探析 [J]. 电视研究，2010（4）：12 –14.

❸ 正如学者指出："司法实践误将'创作高度'的高低作为著作权客体与邻接客体的划分标准，导致著作权法理解与适用的混乱。"卢海君. 论我国邻接权制度的改进：以"体育赛事节目"的著作权法保护切入 [J]. 知识产权，2020（11）：50 –58.

异性，有学者指出需要以"独创性的有无"为标准进行区分。❶
笔者认为，此种观点更具说服力。因为版权法系国家，向来以最
低限度的独创性作为客体保护标准；大陆法系国家，却坚持以较
高的独创性要求去衡量作品。事实上，独创性的有无是一个事实
判断的客观标准，而独创性的高低却属于主观标准。针对较低独
创性的作品，版权法国家可以按照作品进行著作权保护，而作者
权法国家却无能为力。实际上，正如前文所述，有无独创性是区
别作品与非作品的关键。对于作品，理应赋予著作权保护。故按
照此逻辑，只有不具备独创性的内容，才需要另寻他法使用邻接
权去保护相关权益。如果适用独创性高低标准，那么在版权法国
家受著作权法保护的低独创性作品，到了作者权法国家就只能进
行邻接权的保护。此时作品的独创性要求变得更为不可捉摸，世
界范围内的作品保护也变成了多元标准，不利于作品跨国利用，
影响作品的国际贸易。若邻接权保护内容包含较低独创性的作
品，则邻接权也成为保护作品的权利。同时，不具备独创性的非
作品也需要邻接权进行保护，那么就给本已遭受非议的邻接权人
为制造了更多的矛盾。按照独创性高低标准，邻接权的适用将包
含独创性低的作品以及不具备独创性的内容进行保护。此时邻接
权的适用范围将远超著作权，成为更普遍适用的权利体系。这对
于著作权法而言，实属喧宾夺主。

　　本书认为，应当对著作权与邻接权体系进行重塑，构建以独
创性有无为衡量标准，对受著作权保护的作品和受邻接权保护的

---

❶　王国柱. 邻接权客体判断标准论 [J]. 法律科学（西北政法大学学报），2018，
36（5）：163-172.

非作品进行区分的制度。厘清著作权与邻接权的区分标准十分重要，因为在创作扩张的当下，许多新类型作品产生时会有是否属于作品而被著作权法保护的争议。在《著作权法》第三次修改前，就有学者试图对低独创性的内容赋予邻接权进行保护。❶ 而在邻接权保护制度中，又并不包含新的创作方式，可见此种选择实属无奈。在本次《著作权法》修改后，对作品类型进行了开放式的规定，然而依然有将新类型创作内容进行邻接权保护的声音，实属不妥。❷ 因为只要具备独创性的智力成果，就可以作为作品去保护，不必再给本就饱受争议的邻接权以负担。

（三）人身权与财产权体系重塑

除了在著作权法中同时规定著作权与邻接权外，我国《著作权法》还深受大陆法系国家影响，在作者权保护体系下同时设立了人身权和财产权，即两种权利并存的著作权权利体系。著作权法中规定人身权，源于自然权利说中作品是人格外化的理论。从著作权法发展史看，法国与德国著作人身权的产生发展基本一致。不同的是，法国著作权法区别对待财产权与人身权，被称为人身财产权二元论；而德国著作权法一体对待财产权与人身权，是人身财产权的一元论。❸ 由于著作权法是私法，是民法的下位

---

❶ 陶乾. 论著作权法对人工智能生成成果的保护：作为邻接权的数据处理者权之证立 [J]. 法学，2018（4）：3 – 15.

❷ 李青文. 体育赛事节目录像制品保护的困境与出路：以邻接权的客体为视角 [J]. 武汉体育学院学报，2020，54（8）：44 – 50. 向波. 论人工智能生成成果的邻接权保护 [J]. 科技与出版，2020（1）：70 – 75.

❸ 刘金萍. 论著作人身权的产生 [J]. 政法论丛，2016（4）：44 – 52.

法，因而需要遵循民法的基本原则。此时，由于民法中人身权是不可转让和继承的，因此著作权法中的人身权也不应当转让和继承。关于转让的问题，学界早有争议。❶ 而关于继承的问题，也令人费解。

我国《著作权法》主要规定了四项人身权，分别为：（1）发表权，即决定作品是否公之于众的权利；（2）署名权，即表明作者身份，在作品上署名的权利；（3）修改权，即修改或者授权他人修改作品的权利；（4）保护作品完整权，即保护作品不受歪曲、篡改的权利。人身权一词在民法中特指："自然人人格与身份权的合称"。❷ 我国《著作权法实施条例》第 15 条第 1 款规定："作者死亡后，其著作权中的署名权、修改权和保护作品完整权由作者的继承人或者受遗赠人保护。"同时，第 17 条规定："作者生前未发表的作品，如果作者未明确表示不发表，作者死亡后 50 年内，其发表权可由继承人或者受遗赠人行使；没有继承人又无人受遗赠的，由作品原件的所有人行使。"首先，

---

❶ 关于人身权是否可以转让的具体争议内容，可参见下列文章：吴珂. 著作人身权转让问题研究 [J]. 西安电子科技大学学报（社会科学版），2016，26（3）：54 - 60. 石金钢. 著作人身权的合理流转 [J]. 学术探索，2012（8）：28 - 30. 柳励和. 论著作人身权之转让：现行学术评价体制下的思考 [J]. 湖南社会科学，2009（3）：67 - 70. 李明发，宋世俊. 著作人身权转让质疑 [J]. 安徽大学学报，2003（5）：126 - 132. 谭启平，蒋拯. 论著作人身权的可转让性 [J]. 现代法学，2002（2）：74 - 80. 何炼红. 著作人身权转让之合理性研究 [J]. 法商研究（中南政法学院学报），2001（3）：47 - 54.

❷ 张俊浩教授指出："人身权属于非财产性权利，不能用经济价值作评价。人身权的作用，在于对自身人格和身份的支配，因而属于支配权。同时，也属于绝对权。人身权与其主体不可分离，无从转让，从而又是专属权。"张俊浩. 民法学原理 [M]. 北京：中国政法大学出版社，1997：137.

从"保护"与"行使"两种称谓可以看出，行使是更为积极的权利使用，而保护则更倾向于消极的权利应对，比如被侵权后的诉讼等。权利的积极行使，有权利继承之嫌。其次，权利继承的内容也有些不妥。如果作者生前并不想公之于众，其权利继承人或原件所有人如何得知其想发表的心意？"未明确表示不发表"的规定，实际上是掩耳盗铃的。试想一下，作者不希望发表的内容，自然不愿意公之于众，又怎么明确表示不发表呢？最后，除了转让与继承外，著作人身权内部保护内容上有所交叉，与财产权部分内容又有所重叠，其保护必要性存疑，比如发表权与发行权，以及修改权、保护作品完整权与改编权。

在著作人身权中，最为纠结的两项权利当属修改权和保护作品完整权。从这两项权利设计之初，就必须不断澄清二者间的关系。实际上无论如何进行界分，两者间的关联性远大于区别性。比如郑成思教授就曾如此分析二者的关系："从本义上讲，应当说修改权与保护作品完整权是一个事件的正反两方面。从正面讲，作者有权修改自己的作品；从反面讲，作者有权禁止他人修改、增删或歪曲自己的作品。"❶ 我国《著作权法》规定，修改权包含自己修改和授权他人对作品进行修改的权利。自行修改作品似乎不必赋权保护，因为在作品发行前，作品本就可以由作者自行掌握修改与否。在出版发行后，也可以依照需求进行改版。实际上，他人修改自己作品的权利在财产权中已有规定，比如改

---

❶ 郑成思. 版权法：修订本 [M]. 北京：中国人民大学出版社，2009：168.

编权。既然通过许可可以进行改变作品的再创作，未创作新作品的修改自然也可以授权他人进行。正所谓可谓举重以明轻，许可他人修改自己作品，是著作权法保护的应有之义。

而保护作品完整权，可以拆分为作品完整与否的改变和适用过程的名誉损害。前者更接近修改权或改编权内容，后者更像是名誉权的保护。比如在九层妖塔案❶中，原告张某野（天下霸唱）将其系列小说《鬼吹灯》中的《鬼吹灯之精绝古城》作品的改编权，授权给被告上海玄霆公司。后者在小说基础之上进行改编，形成了电影《九层妖塔》。原告认为被告的改编对原告作品进行了歪曲、篡改，并对作者声誉造成严重贬损。实际上，改编权的授权已表明他人可以依照授权对作品进行改编，而改编的范围并没有统一的标准。如果以保护作品完整权来限制改编权，恐怕被授权人只得创作形式不同的作品，而非内容不同的作品，这是对改编权的严重限制。除此之外，声誉的减损问题，大可不必在《著作权法》中予以保护，《民法典》中已有相关保护内容了。退一步讲，如果他人改编作品形成的新作品评价过低，影响原作品作者声誉，是否所有改编失败作品的原作者都有权进行起诉，要回本不该降低声誉的赔偿？那么如果经过改编，新作品得到了广泛好评，带动原作品声誉提升，此时原作者是否要将声誉提升带来的利益也分享给改编人呢？这种荒唐的逻辑，当然是不可取的。所以保护作品完整权的两层保护要义都不是必需的，本身的保护必要性是存疑的。

---

❶ 参见：北京知识产权法院（2016）京 73 民终第 587 号民事判决书。

人身权中最为重要的署名权，实际上是作者表明身份的权利。此种权利与其说是《著作权法》上的人身权，不如说是作品出处的真实表达，既是权利，亦是义务。表明作者身份的权利和作者的公平获酬权，均为《著作权法》中应当保护的重要权利内容。而现有人身权的其他权利内容，实则并无继续规定的必要。

（四）传播权体系重塑

创作行为的扩张给新类型的作品带来了无限的可能，作品的利用随即变得更为重要。例如人工智能生成内容的法律保护，就引起了人们的广泛讨论。实际上，人工智能生成内容并不是著作权法领域遇到的第一个新问题。著作权法实践中经常会遇到此类"新"的老问题，在面对这些问题时，学者们往往要不厌其烦地对理论中的基本问题进行一次又一次的说明，比如对作品类别进行解释、[1] 对权利概念进行探讨、[2] 对合理使用制度进行分析[3]等。而每次面对技术变革，著作权法也总是半推半就地缓慢向前。这些问题的症结在于权利体系的封闭性。生成式人工智能以颠覆性的创造模式震惊了我们，也为突破封闭性的权利体系带来了契机。

著作权法的束状权利体系，向来是区别于传统私权的重要特征。除饱受争议的人身权外，财产性权利也是基于作品产生的发散性权利束。著作权人的财产性权利看似十分丰富，实际早已被

---

[1] 崔国斌. 认真对待游戏著作权 [J]. 知识产权，2016（2）：3 – 18.

[2] 王迁. 著作权法中传播权的体系 [J]. 法学研究，2021（2）：55 – 75.

[3] 李杨. 著作权合理使用制度的体系构造与司法互动 [J]. 法学评论. 2020，38（4）：88 – 97.

打上了类型化的标签，束缚于技巧性的文字游戏中。最早突破传统封闭体系得以开放的，是作品的概念。我国在《著作权法》第三次修改时，将作品的抽象概念置于其中，缓解了多年来类型化保护不力的现象。而权利体系的固化问题，则没有如此幸运得到解决。

基于传统复制权的扩张，著作权法迎来了一个又一个新的权利。除了复制权外，演绎权和传播权体系不断壮大。比如，对作品的复制利用扩展到了翻译利用，复制权扩张到了翻译权，❶ 继而产生了第一个演绎性的权利。而技术进步又催生出了改编利用，进而产生第二个演绎性的权利——改编权。❷ 前文已经明确，基于已有作品生成的内容，与原作品有实质性区别，可以被认定为是一种演绎作品。而原作品演绎权就是原作品可以被他人改编、翻译、汇编的权利。因此，原作品权利人可以依照演绎权对生成内容主张相应权利。而演绎人在使用生成式人工智能之前，也需要向原作品权利人申请授权。传播权相对于复制性和演绎性的权利而言，其体系更为复杂。涉及传播的权项包含了出租权、展览权、表演权、放映权、广播权、信息网络传播权等一系列权利，每项权能又有着各自不同的权利范围和解释。不同权利概念的各种解释之间，又常常充斥着技术与现实的羁绊，在实践中产生了许多困扰。正如前文提到的，如果生成式人工智能可以被法律保护，将会面临诸多的制度难题，比如生成过程是否会落入已有作品的权利范畴、智能生成权是否又要被立法保护为一项

---

❶ Act of July 8, 1870, 16 Stat. 212 c. 230 § 86, 35 Cong. , 2d Sess.

❷ Guide to the Berne Convention for the Protection of Literary and Artistic Works (Paris Act, 1971), Published by the WIPO, Geneva, p. 19 (1978).

新的权利等。这些问题都是现有封闭式权利体系造成的障碍。

有鉴于此，不妨思考一下开放式权利体系的构建模式。传统财产性权利按照作品利用方式的性质，可以分为复制性权利、演绎性权利和传播性权利。而这三类权利，都是建立在对作品的利用之上的。如果他人仅对作品进行复制或演绎，却没有传播行为，那么实际上并没有对作品权利人带来财产上的侵害。所以传播性的利用，才是著作权人获得财产性权益的核心途径。因此，应当构建以传播权为核心的开放式权利体系，包含原件传播、复制性传播以及演绎性传播，并明确作者享有公平获酬的权利。在对传播权进行描述时，应当尽量使用现有法律术语（如"向公众传播"），并尽可能地避免使用过于技术性的词语，比如利用的设备名称（放映机、幻灯机、扩音器）、具体的传播方式（出售或赠与、临时使用或陈列、播送或再现、传播或转播、有线或无线方式、交互式或非交互式）等。❶

综上所述，可以在我国《著作权法》之中，将著作权的具体权利规定为如下形式：

第×条 著作权包括下列权利：

（一）表明作者身份的权利；

（二）公平获酬权，即公平获得作品产生利益的权利；

（三）传播权，即向公众传播作品的权利，包括复制性传播和演绎性传播；

（四）应当由著作权人享有的其他权利。

---

❶ 参见：《著作权法》第10条。

上述以传播利用为核心的财产权体系设置，具有包容性和开放性。一方面，此种设计可以包含现有《著作权法》规定的全部财产性权利。首先，传播权本身是可以对原件进行传播的，这本就是利用作品的应有之义，故无须重复列举，即可包含原件的发行权、出租权和展览权。其次，复制性传播可以包含现有法律规定的复制权、复制件的发行权、复制件的出租权和展览权、摄制权等权利。再次，演绎性传播可以包含现有的改编权、翻译权、汇编权以及公开表演作品的权利。最后，减少对传播设备、方式等的说明，可以尽可能地涵盖现有法律规范中的表演权、广播权、信息网络传播权等传播性质的权利，并可以给技术产生新的传播方式留有余地。这样一来，既可以明确传播权的本质，又可以摆脱技术带来的枷锁，使《著作权法》成为真正促进作品传播利用的制度规范。

此种开放式权利体系的设想，既可以避免无止境的权利扩张，也可以缓和技术给法律带来的冲击。面对新的作品利用方式时，我们不必再小心翼翼地对法律进行修修补补，而是谨慎地利用解释方法去从容应对。

正如有学者指出：作品是著作权客体，其范畴决定了著作权制度的"宽度"；而作者的著作权权项规定了可以控制作品使用行为的范围，决定了著作权制度的"长度"。二者结合即可从权利客体和权利内容两个方面共同决定著作权制度的范畴。❶ 在赋权制度设计中，本书以新理念为指引，以"赋权－限权"并重

---

❶ 刘银良. 著作权兜底条款的是非与选择 [J]. 法学，2019 (11)：118－135.

为框架，通过作品体系和权利体系的重塑，对赋权制度进行了重塑，重点在保障促进作品利用这一价值追求的实现。

第三节　限权制度重塑

在著作权法中，与赋权制度相对应的是限权制度。前文中对著作权法的权利体系进行了重构，提到重构后的著作权法也包含兜底性条款。实际上，关于兜底性条款的问题，强调法定原则的学者，是持否定态度的。❶ 否定权利开放式的原因，最为关键的是担心权利的扩张限制公众对作品的接触和利用。按照本书设立的"赋权－限权"并重的理论分析框架，如果赋权时过于开放，那么限权时理应对此问题进行考察。在各方利益动态平衡的考量下，限权制度也应当相对开放，以应对权利开放带来的赋权－限权失衡问题。

从广义上讲，对著作权的保护时间进行限制，是著作权法限权制度的重要组成部分。因为私权保护时间的结束，就是作品进入公领域任公众自由使用的开始。相对于有形财产，无形财产不易毁损灭失，如果任由私权无限延续，则不利于作品的利用。故

---

❶ 如有学者指出："兜底条款的存在，意味着著作权法没有严格遵循承接自物权法的绝对权法定原则，而是允许特定条件下的造法行为，其中既包含着法官造法对著作权类型化不足的弥补，也关联了私人设权对新兴商业模式的回应。"熊琦.
著作权法定与自由的悖论调和 [J]. 政法论坛, 2017, 35 (3): 82-93.

在著作权领域，一般会对财产权的保护时间进行规定。著作权的保护时间通常被设计为作者终生加死后的一定年限，如果是法人作品，则从作品首次发表起一定时期内给予保护。这种时间的限制具备现实意义，值得肯定。但在时间设置时，不宜过长，现行《著作权法》规定的 50 年较为合适，基本可以延及作者及其子孙，从常识角度也较为合理。除了时间限制外，我国《著作权法》专门规定了权利的限制条款，分别是合理使用制度和法定许可制度。本书以合理使用制度为例，分析限权制度的重塑问题。

一、限权制度理念诠释

在作者权保护理念下，对作者赋权是著作权法的应有之义，故往往会忽略限权制度。将合理使用称为著作权的限制与例外，是著作权赋权的负面内容。对于权利的限制，往往采用封闭式的清单模式进行列举。❶ 而在版权法保护理念下，美国和英国将此种限制命名为合理使用（fair use）和合理对待（fair dealing），专指法律允许的未经权利人许可的使用。以美国为代表的"四要素分析法"，更是开放性地规定了合理使用制度适用的四个考量因素。❷ 从上述名称不难看出，不同理念下，著作权限制的制度

---

❶ 2001 年欧盟《信息社会版权指令》提出了 21 项限制和例外的总清单，允许成员国在此清单范围内选择规定本国的限制和例外。李明德. 欧盟知识产权法 [M]. 北京：法律出版社，2009：294.

❷ 美国版权法第 107 条，四个考量因素分别为：（1）使用的目的和性质，包括该使用是出于商业目的还是非营利的教育目的；（2）受版权保护的作品的性质；（3）与整个受版权保护作品相比所使用部分的数量和质量（重要性）；（4）使用对版权作品潜在市场或价值的影响。

构造不同。

我国的合理使用制度被称为权利的限制，规定于《著作权法》第 24 条中，即在下列情况下使用作品，可以不经著作权人许可，不向其支付报酬，但应当指明作者姓名或者名称、作品名称，并且不得影响该作品的正常使用，也不得不合理地损害著作权人的合法权益（1）为个人学习、研究或者欣赏，使用他人已经发表的作品；⋯⋯该种合理使用制度的立法模式，源于《伯尔尼公约》的"三步检验法"。《伯尔尼公约》规定："本联盟成员国法律有权允许在某些特殊情况下复制上述作品，只要这种复制不致损害作品的正常使用，也不致无故危害作者的合法利益。"这一规定被称为"三步检验法"。实际上，"三步检验法"是为应对著作权扩张被提出的，❶ 随即被称为制定版权限制与例外制度的"过滤器"❷。三步检验法的具体内容是：（1）合理使用限于某些特殊的情况下；（2）不应与作品的正常利用相抵触；（3）不得不合理地损害版权持有者的合法利益。❸ 从上述合理使用制度的表达可以看出，我国《著作权法》的合理使用制度内容，完

---

❶ 林秀芹教授在对人工智能时代著作权合理使用制度进行重塑的研究中指出：《伯尔尼公约》的修订及随后的《世界知识产权组织版权条约》（WCT）、《世界知识产权组织表演和录音制品条约》（WPPT）的立法史表明，"复制"概念呈不断扩张的态势。《伯尔尼公约》中的合理使用制度，正是应对此种复制概念扩张的结果。林秀芹. 人工智能时代著作权合理使用制度的重塑 [J]. 法学研究，2021，43（6）：170 – 185.

❷ GERVAIS D. Fair Use, Fair Dealing, Fair Principles: Efforts to Conceptualize Exceptions and Limitations to Copyright [J]. Journal of the Copyright Society of the U. S. A. 2010, 57: 499, 503.

❸ 《伯尔尼公约》第 9 条第 2 款、TRIPS 第 13 条、WCT 第 10 条，均规定了三步检验法。

全沿袭了《伯尔尼公约》的表达。

不同保护理念下的权利限制内容，有着不同的称谓和不同的模式。本书旨在建立新的著作权法理念，在其指引下重塑赋权和限权制度。在促进作品利用的理念下，应当在尊重作品权利人公平获酬权的基础上，对作品的利用用途进行区分，综合衡量各方利益设计符合社会发展现状的著作权合理使用制度。公平分配作品产生的利益，是实现促进作品利用的手段。如何保障权利人相应的获酬权，是著作权法中限权制度必须进行思考的问题。因为合理使用是一种可以不经过许可的免费使用，那么对此种限制制度的设计就应当将免费使用可能不合理损害权利人合法权益的情形予以排除。

二、合理使用制度重塑

我国的合理使用制度经过制度移植，形成了现有的样态，可以说对国际公约的借鉴，是较为稳妥和便捷的制度设计路径。然而，在借鉴之时，应当多方位思考，不仅应对公约的立法条文进行参照，而且更应当注重解释规则的适用。❶ 为应对创作行为扩张的现状，我国的合理使用制度需要从称谓、一般条款和列举内容方面进行全面的重塑。

（一）合理使用一般条款的解释进路

我国在《著作权法》设立时，主要参考大陆法系国家的作

---

❶ 熊琦. 著作权合理使用司法认定标准释疑 [J]. 法学，2018（1）：182 – 192.

者权保护理念，对具体的法律规范进行设计，如人格权、财产权的设置。而事实上，在权利的归属安排等内容方面，又参考借鉴了版权法的保护理念，将部分作品的财产性权利天然地赋予了投资者，以激励投资。这种融合式的借鉴方式，体现了著作权法制度设立的后发优势，取众家之长。在限权内容设计时，我们究竟是采用权利的限制还是采用合理使用的称谓，实际上也表明了我们究竟要建立一个较为封闭的权利限制例外体系，还是建立一个较为开放的合理使用体系。根据前文的论述可知，在"赋权－限权"并重的体系内，赋权制度一旦扩张，限权制度必然需要进行扩张，以便重新达成平衡。在赋权制度设计中，为了保障更多样的创作作品可以得到著作权法的保护，而应当确立开放式的作品概念并建立相应的权利体系。那么在限权制度设计中，必然也应当构建较为开放，且便于适用的合理使用制度。此时，应当选择合理使用的称谓，在赋权的同时进行限权的考量。换言之，当对被认定为作品进行开放式权利的保护之时，就要面对社会公众对该作品进行合理使用之限权安排。

在合理使用的称谓下，应当如何设置一般条款问题，十分重要。❶ 我国《著作权法》第三次修改过程中，将《著作权法实施条例》中的内容——不得影响该作品的正常使用，也不得不合理地损害著作权人的合法权益（实际上是"三步测试法"的后两

---

❶ 有学者指出，应当建立合理使用制度的一般条款，因为它能够回应社会生活中作品使用的复杂情形，既可防止具体条款中过宽的规定对权利保护的侵蚀，又提供了利益平衡的开放式框架以使法院可在具体个案中进行利益格局的衡量。梁志文. 我国著作权法上未发表作品的合理使用及其立法模式 [J]. 法学，2008（3）：101－108.

项内容）提升到了法律中。这一做法看似仅将过去的适用内容进行了提取，本质内容并没有变动，实则是对过去合理使用制度进行了限定。因为过去的 12 种列举内容，就是直接对合理使用的适用要求。而在对 12 项内容进行适用时，自然解释为列举内容并不会影响作品的正常使用，也不会不合理地损害著作权人的合法利益（条例内容）。然而，将这两种限制性内容提升至《著作权法》之中时，就出现了解释上的难题，即是否要在 12 种特定情况下，再对是否满足后两项内容进行测试。这一困境的原因在于，《伯尔尼公约》中并未抽象出具体例外情况，仅指明了特殊情况下方可适用。而我国《著作权法》在限定了具体情况下，又对适用进行了限缩，此种解释方法实有不妥。

上文提到三步检验法的逻辑是：第一，合理使用制度的适用仅限于某些特殊的情况。按照 WTO 争端解决专家的解释，《伯尔尼公约》三步检验法中的特殊情况，仅指极为例外的情况。❶ 此种解释遭到了激烈的批评，学者们认为应当结合《伯尔尼公约》制定的目的进行综合解释。❷ 综合解释时既不能过于宽泛，以至于不符合例外的要求，又不能过于狭窄，不便平衡私权与公益的保护。第二，不应与作品的正常利用相抵触。对"正常"的解释不仅包含现有的利用方式，而且包含可能出现的应当由作品权

❶ World Trade Organization. UNITED STATES – Section 110（5）OF THE US COPY RIGHT Act（2000）[EB/OL].[2023 – 10 – 15]. https：//docs. wto. org/dol2fe/Pages/SS/directdoc. aspx? filename = Q：/WT/DS/160R – 00. pdf&Open = Trueft Word – 160R –00. doc（wto. org）.

❷ 林秀芹. 人工智能时代著作权合理使用制度的重塑[J]. 法学研究，2021，43（6）：170 – 185.

利人利用的其他方式。这实际是对作品利用方式的要求，非权利人同一方式的利用行为很有可能同权利人的利用相抵触。第三，不得不合理地损害版权持有者的合法利益。合法利益，特指经济上的收益。而对经济利益的损害必须有合理正当的理由，不然是不被法律所允许的。何为合理，就成为合理使用中最为重要的解释内容。由于法律保护的利益是合理的利益，如果将对法律保护利益造成损害的行为都认定为是不合理的行为，则会架空合理使用制度。

任何制度如果过于僵化，都无法实现其应有的价值。三步检验法具备丰富的内涵，如无合理的解释和适用，恐也有沦为空谈的可能。因此，对"特殊""正常""合理"的解释，成为三步检验法适用时必须谨慎对待的内容。在新理念下，对合理使用制度上述重要概念进行解释需要谨慎。比如在合法利益损害的问题上，前文已述，合理与否的判断不能仅限于合法利益是否被损害，更不得单独以市场失灵理论，❶ 来判断作品使用行为的公平性。因为即便存在交易的便捷性和可能性，当使用行为所代表的社会利益高于不使用的私人利益时，其合理性便出现了。所以在解释合理性问题时，要衡量社会公众利益与私人利益，利用利益平衡理论进行分析。当然，也有观点认为，可以借鉴美国的四要素对合理使用内涵进行判定。而美国的四要素标准在适用中也因

---

❶ GORDON W J. Fair Use as Market Failure：A Structural and Economic Analysis of the Betamax Case and its Predecessors［J］. Columbia Law Review, 1982, 82：1600, 1614 - 1622.

缺乏统一的标准❶，造成解释的混乱而备受诟病❷。随后，在司法实践中，逐步发展出了转换性使用的合理使用判定方法。目前已尝试适用转换性使用的认定方式。❸ 但限于无法律依据，存在法官造法的嫌疑。

事实上，一直以来我国主要借鉴了三步检验法的立法模式，并对特殊情况进行了规定。在《著作权法》第三次修改过程中，又进一步明确了不得影响该作品的正常使用，也不得不合理地损害著作权人的合法权益。此种做法，实际上是对合理使用制度一般规则的完善，本是一件值得称赞之事。但由于过去特殊情况的类型列举过于僵化，失去了本应具备的制度功能。虽然通过增设第13项开放式"兜底"内容的规定，企图拓宽适用范围，但由于规定内容适用性较弱，形同虚设。因此，在现有三步检验法的一般条款内容下，需要对类型化的列举内容进行完善。

（二）合理使用类型化的完善策略

我国《著作权法》第三次修改过程中，新增加了"法律、行政法规规定的其他情形"这一合理使用制度的适用情形。但通过对法源的要求，限制了合理使用适用于其他情形的空间，仍是

---

❶ LIU J P. Regulatory Copyright [J]. North Carolina Law Review, 2004, 83: 87; PARCHOMOVSKY G, GOLDMAN K A. Fair Use Harbors [J]. Virginia Law Review, 2007, 93: 1483.

❷ LESSIG L. Free Culture: How Big Media Uses Technology and the Law to Lock down Culture and Control Creativity [M]. Penguin Press, 2004: 187.

❸ 参见：山东省高级人民法院（2007）鲁民三终字第 94 号民事判决书；上海知识产权法院（2015）沪知民终字第 730 号民事判决书；北京市高级人民法院（2013）高民终字第 1221 号民事判决书。

一种"封闭式"的结构，至多是"半封闭式"的。❶ 这样的规定，显然不足以应对以人工智能为代表的新技术发展需要。当生成式人工智能突破性地撼动早已习以为常的创作行为时，模型训练阶段的数据挖掘等行为，便成为首先需要进行是否符合合理使用的判断内容。当然，新技术对制度的突破并不是一蹴而就的，特别是人工智能技术应用于商业化场景的现实下，合理使用判断需求并非如此急迫。然而，在新技术驱动下，作品利用方式不断涌现，仅对训练素材予以利用的行为是否符合合理使用的要求，成为难以回避的现实问题。

尽管合理使用的一般条款制定和解释十分重要，但因其过于原则性，仅一般条款并无法为司法实践提供规则性法律规范。❷ 因而，灵活的类型化列举方式，就成为合理使用一般条款的配套内容。❸ 以一般条款为原则，搭配较为具体的类型化内容，作为便于应用的规则，既满足原则性的要求，又避免了规则性不足造成混乱。以美国为例，美国版权法规定了四项合理使用的考量因素，同时也提供了六种允许合理使用的类型，即批评、评论、新闻报道、教学、学术和研究。这六种类型的使用类型体现了三类公共政策目标，分别为：促进表达自由、促进创作与技术进步，

---

❶ 林秀芹. 人工智能时代著作权合理使用制度的重塑 [J]. 法学研究，2021，43（6）：170 – 185.

❷ 梁志文. 著作权合理使用的类型化 [J]. 华东政法大学学报，2012（3）：34 – 45.

❸ 吴汉东. 著作权合理使用制度研究 [M]. 北京：中国人民大学出版社，2013：290.

以及促进学习。❶ 我国《著作权法》列举的 12 种合理使用行为，❷ 从类型上看主要包含：表达自由、促进知识进步、保护公共利益、促进创作和促进少数弱势族群文化发展的合理使用。❸ 纵观世界范围内的合理使用列举内容，总体上包含以上几个方面。

　　过于详细的类型化列举内容加上半封闭的模式，容易造成类型化不足的情况，限制合理使用制度的平衡调节利益的功效。在已有一般条款的严格规定下，我们需要制定较为灵活的列举内容，并以开放式的兜底条款进行兜底性的说明。在列举内容方

---

❶ SAMUELSON P. Unbundling Fair Uses [J]. Fordham Law Review, 2009, 77: 2537, 2543 – 2544.

❷ 我国《著作权法》第 24 条列举如下 13 种合理使用情况：（1）为个人学习、研究或者欣赏，使用他人已经发表的作品；（2）为介绍、评论某一作品或者说明某一问题，在作品中适当引用他人已经发表的作品；（3）为报道新闻，在报纸、期刊、广播电台、电视台等媒体中不可避免地再现或者引用已经发表的作品；（4）报纸、期刊、广播电台、电视台等媒体刊登或者播放其他报纸、期刊、广播电台、电视台等媒体已经发表的关于政治、经济、宗教问题的时事性文章，但著作权人声明不许刊登、播放的除外；（5）报纸、期刊、广播电台、电视台等媒体刊登或者播放在公众集会上发表的讲话，但作者声明不许刊登、播放的除外；（6）为学校课堂教学或者科学研究，翻译、改编、汇编、播放或者少量复制已经发表的作品，供教学或者科研人员使用，但不得出版发行；（7）国家机关为执行公务在合理范围内使用已经发表的作品；（8）图书馆、档案馆、纪念馆、博物馆、美术馆、文化馆等为陈列或者保存版本的需要，复制本馆收藏的作品；（9）免费表演已经发表的作品，该表演未向公众收取费用，也未向表演者支付报酬，且不以营利为目的；（10）对设置或者陈列在公共场所的艺术作品进行临摹、绘画、摄影、录像；（11）将中国公民、法人或者非法人组织已经发表的以国家通用语言文字创作的作品翻译成少数民族语言文字作品在国内出版发行；（12）以阅读障碍者能够感知的无障碍方式向其提供已经发表的作品；（13）法律、行政法规规定的其他情形。前款规定适用于对与著作权有关的权利的限制。

❸ 梁志文. 著作权合理使用的类型化 [J]. 华东政法大学学报, 2012 (3): 34 – 45.

面，不妨尝试抽象类型化列举的方式，如批评、评论、新闻报道、教学、学术和研究等情况，或者使用保障政策目的的类型化列举方式，如表达自由、促进知识进步、保护公共利益、促进创作和促进少数弱势族群文化发展等情况。在列举后，增加开放式的兜底条款。或者依据"赋权－限权"并重的思想，对限权内容——合理使用规定，同赋权内容——权利体系规定相一致的内容进行规定。本书中新的权利体系以"应当由著作权人享有的其他权利"作为兜底性保护内容，故对于合理使用列举后的兜底性条款，亦可以设定为：其他适用合理使用的情形。如果不对合理使用的一般条款进行规定，只进行适用情形的列举，那么对类型化的内容可以稍作具体化规定，并加以开放式的兜底性条款补充说明合理使用制度的内涵。此时，兜底性条款附加了阐释概念内涵的功能。

随着作品利用方式的增长以及创作行为的变化，作品之上的权利得到了迅速的扩张。在权利扩张之下，限权显得十分重要。如不对权利进行必要的限制，文化垄断就会变成现实。新的创作方式变革，使大众创作成为可能，如果因作品之上的权利而阻止各类创作行为，是著作权法舍本逐末的表现。当然，促进作品利用并不意味着一定伤害权利人的权益，公平分配利益就是保障权益不被侵害的手段。在对权利进行限制时，要合理地进行限制目的和情况的设置，将不对权利人不合理的损害在制度设计中进行考量，并将社会公众的公益与著作权人私利之间的利益平衡体现于"赋权－限权"体系中。唯有如此，方可发挥著作权法公平分配利益的制度功效，实现著作权法的新理念——促进作品的利用。

本章小结

从理念转变到制度重塑，并非简单的机械行为，需要从整体上进行考量。体系化的科学思维，有助于对著作权法律制度进行深入的了解，并进行更为合理的设计。不同维度的著作权体系，反映出了两大保护理念下形成的著作权法律制度安排。针对体系化的内容进行反思，可以发现，在旧有理念的指引下，著作权法的制度构建主要围绕权利的控制进行。赋权与限权并存，是两种理念下共同存在的现象。在促进作品利用的工具主义保护理念下，重新思考上述体系中所体现的赋权和限权制度以及二者的关系问题，可以作为制度重塑的体系化探索的重要突破点。

通过研究，我们发现，以"赋权－限权"并重的体系为制度重塑的分析框架，是对著作权法中私人权利与社会公众公共利益间的利益平衡的体现。著作权法"赋权－限权"并重的权利体系，要求在赋权制度建立时就思考相应限权的内容以及如何平衡及巧妙结合。这种在设立之初就平衡赋权与限权制度的方式，是新理念独具的开创性实现方式。

对作品的概念和类别进行界定，既要确保符合概念的作品易于被赋权保护，又要通过限制确保不符合作品概念的内容易于被排除在保护范围之外。此种作品体系的设计理念就反映了赋权与限权并重的权利体系构造。故作品概念的范围界定和便于勘验的类型化表达，是作品体系重塑的关键。在赋权制度构建中，明确将思想进行排除，可以缓和失衡的权利体系。同时，在对创作进行界定时，应当强调创作行为与作品产生的关系，即创作产生作品，而不应当限定产生作品的具体方式（直接与否），更不应当对创作进行限缩解释（仅原创）。因而，在作品概念描述时，应当明确著作权法保护的作品，是基于创作产生的独创性表达。继而综合"赋权–限权"并重的体系化思维和创作行为扩张的现实，尝试两种作品分类方法。其一，以文字作品、美术作品、音乐作品、视听作品、艺术作品和图形作品的例示性分类，作为作品基础类型化的规定，并加上兜底性条款，用来弥补类型化不足的缺陷。其二，在上述分类基础之上，对作品进行原创性和演绎性创作的分类，即明确规定作品包含原创作品及演绎作品，并针对演绎作品的保护内容边界进行限定，避免对演绎作品的保护提高后续创作的成本。同时，对演绎权的权利行使进行限制，避免过于宽泛的演绎权阻碍创新文化的发展。

同作品体系重塑一样，权利体系的重塑也需要从不同角度进行。对不同的权利体系进行思考，设计出符合理念的具体制度。首先，对著作权与邻接权体系进行重塑。构建以独创性有无为衡量标准，对受著作权保护的作品和受邻接权保护的非作品进行区分的制度。厘清著作权与邻接权的区分标准十分重要，因为在创作扩张的当下，许多新类型作品产生会有是否属于作品而被著作权法保护的争议。其次，对于人身权和财产权体系的重塑。人身权中最为重要的署名权，实际上是作者表明身份的权利。此种权利与其说是著作权法上的人身权，不如说是作品出处的真实表达，既是权利，亦是义务。表明作者身份的权利和作者的公平获酬权，均为著作权法中应当保护的重要权利内容。而现有人身权的其他权利内容，实则并无继续规定的必要。最后，针对财产权的体系重构，即开放式权利体系的构建模式。应当构建以传播权为核心的开放式权利体系，包含原件传播、复制性传播以及演绎性传播，并明确作者享有公平获酬的权利。在对传播权进行描述时，应当尽量使用现有法律术语，并尽可能地避免使用过于技术性的词语。此种开放式权利体系的设想，既可以避免无止境的权利扩张，也可以缓和技术给法律带来的冲击。面对新的作品利用方式时，我们不必再小心翼翼地对法律进行修修补补，而是谨慎地利用解释方法去从容应对。

按照本书设立的"赋权－限权"并重的理论分析框架，如果赋权时过于开放，那么限权时理应对此问题进行考察。在各方利益动态平衡的考量下，限权制度也应当相对开放，以应对权利开放带来的赋权－限权失衡问题。在促进作品利用的理念下，我们应当在尊重作品权利人公平获酬权的基础上，对作品的利用用途进行区分，综合衡量各方利益设计符合社会发展现状的著作权合理使用制度。为应对创作行为扩张的现状，我国的合理使用制度需要从称谓、一般条款和列举内容方面进行全面的重塑。首先，应当选择"合理使用"的称谓，在赋权的同时进行限权的考量。在合理使用的称谓下，应当如何设置一般条款问题，十分重要。现有的一般条款是进一步明确了不得影响作品的正常使用，也不得不合理地损害著作权人的合法权益。这两项符合《伯尔尼公约》要求的三步检验法的规范。过于详细的类型化列举内容加上半封闭的模式，容易造成类型化不足的情况，限制合理使用制度平衡调节利益的功效。在已有一般条款的严格规定下，我们需要制定较为灵活的列举内容，并以开放式的兜底条款进行兜底性的说明。在列举内容方面，应尝试以抽象类型化列举的方式，如批评、评论、新闻报道、教学、学术和研究等情况，或者使用保障政策目的的类型化列举方式，如表达自由、促进知识进步、保护公共利益、促进创作和促进少数弱势族群文化发展等情况。在列举后，增加开放式的兜底条款。本书中新的权利体系以"应当由著作权人享有的其他权利"作为兜底性保护内容，故对于合理使用列举后的兜底性条款，亦可以设定为：其他适用合理使用的情形。

第四章

新理念应用：以演绎作品保护为例

金庸诉江南《此间的少年》案，历时 7 年迎来二审判决。❶是"同人作品"第一案，其判决中的侵权认定、责任承担（不停止发行、再版需支付收入的 30% 作为补偿）等内容，引发了理论和实务界的广泛关注。学界围绕同人作品借用原作品中的角色名称、性格特点及人物关系属于表达还是思想等基本问题，展开了多角度的论述。❷本书无意于深究如何划定不同类型作品中思想与表达的界限，抑或区分究竟多么细致具体的角色性格、人物关系

---

❶ 二审法院对一审法院判决予以改判。二审判决《此间的少年》构成著作权侵权，但不停止发行，再版时向权利人支付版税收入的 30% 作为经济补偿，同时构成不正当竞争。下文如无特别说明，该案件判决内容均来自相应的判决书。参见：广州知识产权法院（2018）粤 73 民终 3169 号民事判决书。

❷ 黄武双，谭宇航. 文学作品中的角色可受著作权法保护：兼评《此间的少年》案［J］. 版权理论与实务，2023（2）：18.

描述可以脱离情节成为表达而受版权保护。因为此种划分的理论
探讨本身，就是一种基于版权保护政策考量的主观判断。❶ 然
而，理论研究终将要服务现实。纠纷中不断涌现新作品与原作品
间的利益纠葛，是我们不得不去面对的问题。❷ 个案中侵权与否
的法律性质判定固然重要，但只有通过制度设计对增值利益分配
进行事先安排，才有可能从根源上解决该问题。

　　事实上，《此间的少年》案所涉及的"同人作品"并非法律
术语，❸ 一般泛指某类作品的爱好者以原作中部分内容或元素为
基础进行二次创作，所形成的与原作具有明显差别的新作品❹。
与这一概念最为接近的，当属著作权领域的"演绎作品"。演绎
作品是一种基于已有作品而形成的特殊作品，特殊之处在于它是
依赖前人作品进行再创作后的作品。❺ 如果利用已有作品产生出
了演绎作品，演绎作品相对于原作品而言，本身就是一种增值利
益的体现。故《此间的少年》案判决中是否停止发行。如再版

❶　GOLDSTEIN P. Copyright：Principles，Law and Practice ［M］. Boston：Little Brown and Company，1989：74.
❷　比如"琼瑶诉于正案""《芈月传》编剧纠纷案"等，无不体现出文学作品利用后的利益之争。近年来的"奇迹 MU 案""率土案"等游戏案件，本质上也是关于演绎作品利益分配的纠纷。参见：北京市第三中级人民法院（2014）三中民初字第 07916 号民事判决书；温州市鹿城区人民法院（2015）温鹿知初字第 74 号民事判决书；上海知识产权法院（2016）沪 73 民终 190 号民事判决书；广州互联网法院（2021）粤 0192 民初 7434 号民事判决书。
❸　"同人"（どうじん）一词是日本的舶来语，最初的含义是"志趣相投的人"。辞海编辑委员会. 辞海 ［M］. 上海：上海辞书出版社，2009：2274.
❹　丛立先，刘乾. 同人作品使用原作虚拟角色的版权界限 ［J］. 华东政法大学学报，2021，24（4）：175－192.
❺　田村善之. 日本知识产权法：第 4 版 ［M］. 周超，李雨峰，李希同，译. 张玉敏，校. 北京：知识产权出版社，2011：412.

需支付一定比例版税作为经济补偿的争议，从一定意义上体现的是：对演绎作品产生的增值利益进行公平分配的现实困境。由于我国《著作权法》并未规定"演绎作品"这一概念，仅对翻译、改编等作品作了原则性说明，❶ 在一定程度上增加了解决该问题的难度。

法律对演绎作品的保护并非天然存在，保护程度亦非一成不变。演绎作品自产生之初，就成为各方利益主体竞相争夺的对象。立法保护演绎作品的初衷究竟为何？司法实践背后蕴藏着怎样的分配逻辑？法律又是如何将演绎作品的利益在原作者与演绎人之间进行衡量和分配的？这些问题值得我们深入研究，也是本书力图解决的问题。

本章尝试以演绎作品的立法保护为起点，通过对立法轨迹的回溯，揭示演绎作品保护的初衷，继而对司法案例进行分析，试图厘清演绎作品各方的利益边界，还原司法审判中独创性标准的认定逻辑。最终，在探寻演绎作品独创性标准的基础之上，提出演绎作品的利益分配方式，并对《此间的少年》案的判决作出评价。

第一节　演绎作品保护的利益兼顾

正如边沁（Jeremy Bentham）所言，"权利对于享有权利的

---

❶　参见：《著作权法》第 10 条、第 13 条。

人来说本身就是好处和利益"❶，著作权法产生于商人对作品利益的追求。❷ 保护演绎作品以及相关权利人的权利，实际上是以立法形式分配由演绎作品产生的利益。

一、演绎作品保护中的利益分配观

"演绎作品"这一概念，在我国的《著作权法》以及《著作权法实施条例》等法律法规中并未被提及。在著作权法中对"演绎作品"概念进行定义的做法，以美国最为典型。❸ 然而，演绎作品的规定，并非一开始即存在于著作权法之中。例如世界首部著作权法——1710 年英国的《安娜法令》，就未对演绎作品进行保护。

（一）演绎作品的立法轨迹：从复制到演绎

翻译和改编行为，是演绎作品产生的两种主要方式。起初，图书的出版发行通常限于一国之内。此时立法者认为，对作品进行翻译是一种可以增加知识的有益行为，所以仅对未经授权的复

---

❶ 边沁. 立法理论［M］. 李贵方，等译. 北京：中国人民公安大学出版社，2004：117.

❷ SHERMAN B，BENTLY L. The Making of Modern Intellectual Property Law：The British Experience，1760—1911［M］. Cambridge：Cambridge University Press，1999：12.

❸ 美国版权法第 101 条对演绎作品的概念进行了概括加列举式的解释："'演绎作品'指根据一部或多部已有作品创作完成的作品，如译文、乐曲整理、改编成的戏剧、改编成的小说、改编成的电影、录音作品、艺术复制品、节本以及缩写本，或者依此改写、改变或改编作品的任何其他形式。由编辑修订、注释、详解或其他修改作为整体构成独创作品的，视为'演绎作品'。"17 U. S. C. § 101.

制行为予以限制，而对作品的翻译行为少有干涉。❶ 随着图书贸易的全球性发展，大量未经授权的图书译本出现。为保护出版商的利益，英国在与法国签署的保护版权双边协定中承认了翻译权，并于 1852 年修订了英国国际版权法，正式以立法的形式保护翻译权。❷ 而在美国，根植于宪法传统制定的美国版权法，❸ 希望通过限制版权人的权利，以达成促进科技（知识）进步的宪法目标。❹ 因此，直至 1870 年修订版权法时，为了保护和分配由翻译作品带来的利益，美国才正式开始了对翻译权的保护。❺ 随后，1886 年《伯尔尼公约》的签订，带动了世界范围内对作者翻译权进行立法保护的潮流。❻ 可以说，翻译作品带来的利益争夺，推动了世界范围内著作权法保护翻译作品的立法进程。

继翻译权之后，改编权的设立是各国以立法形式安排演绎作品利益的又一标志性举措。将著作权扩张至改编权，亦是源于利益分配的需求。众所周知，著作权的历史是一部扩张史。❼ 新技术发展，为演绎作品开辟了巨大的市场，使得原有制度在解决大

---

❶ Statute of Anne, 8 Anne, c. 19 (1710).

❷ 英国国际版权法全称为 "An Act to Enable Her Majesty to Carry into Effect a Convention with France on the Subject of Copyright, to Extend and Explain the International Copyright Acts, and to Explain the Acts relating to Copyright in Engravings"。

❸ U. S. CONST. art. I, § 8, cl. 8.

❹ See *Campbell v. Acuff - Rose Music, Inc.*, 510 U. S. 569, 579 (1994); LITMAN J. Readers' Copyright, Journal Copyright Society of the U. S. A. [J]. 2011 (58): 330 – 331.

❺ Act of July 8, 1870, 16 Stat. 212 c. 230 § 86, 35 Cong., 2d Sess.

❻ 参见《伯尔尼公约》1886 年文本，第 5 条。

❼ 易健雄. 技术发展与版权扩张 [M]. 北京：法律出版社，2009：187.

量的演绎作品利益分配问题时捉襟见肘。❶ 因而，到了 19 世纪中晚期，为保护和分配改编行为产生的巨大利益，美国开始确认几种特殊的演绎作品可以被作者所控制。❷ 1908 年《伯尔尼公约》的修订，首次肯定了作者的改编权。❸ 在此影响之下，美国于次年再次修订了美国版权法，以列举的形式保护了改编权。❹ 1911年重新编纂的英国版权法，也对作者的一些特殊作品给予了改编权的保护。❺ 翻译和改编行为，是演绎作品产生的最重要方式。至此，演绎权的雏形基本完备，法律对演绎作品的保护也呼之欲出。

（二）利益分配观：独创性的区分与兼顾

1976 年的美国版权法，第一次使用了"演绎作品"（derivative works）的概念，并将演绎权扩张至"准备演绎作品"的权利（preparation of derivative works）。❻ 从《安娜法令》到 1976 年的美国版权法，"演绎作品"这一法律概念的产生，经历了近300 年的洗礼。演绎作品带来的利益分配需求，使得演绎权从复制权中破茧而出，在法律保护中获得了一席之地。在此之后，各

---

❶　孙玉芸. 作品演绎权研究 ［M］. 北京：知识产权出版社，2014：43.

❷　Copyright Act, ch. 230, § 86, 16 Stat. 198, 212 （1870） （repealed 1909）；see e. g. , *Folsom v. Marsh*, 9 F. Cas. 342, 349 （C. C. D. Mass. 1841）.

❸　Guide to the Berne Convention for the Protection of Literary and Artistic Works （Paris Act, 1971）, Published by the WIPO, Geneva, 1978, p. 19.

❹　Copyright Act of 1909, Pub. L. No. 60 – 349, § 1 （b）, 35 Stat. , 1075.

❺　DEAZLEY R. Rethinking Copyright：History, Theory, Language ［M］. Cheltenham：Edward Elgar Publishing Limited, 2006：145.

❻　17 U. S. C. §101, §106.

个国家和地区纷纷对演绎作品和演绎权进行保护。例如，德国著作权法规定了演绎作品和演绎权，❶日本著作权法规定了二次作品及相关权利。❷诚然，有的国家（比如英国、法国和我国）或未抽象出演绎作品的概念，或仍沿用列举的方式规定翻译权、改编权等具体权利，❸但是，利用著作权法保护演绎作品的观念，早已深入人心。

正如耶林所言，法律的创造者不是概念而是利益，❹演绎作品的立法保护轨迹，恰好完美地诠释了这一观念。从演绎作品产生之日起，原权利人与演绎人对利益的争夺就从未停止。既然立法保护演绎作品是源于其增值利益分配的需求，那么演绎作品的利益，是否应当在原作者和演绎人间进行分配，以及如何分配的问题，便成为立法者无法回避的问题。如果立法者倾向于将演绎作品产生的利益完全分配给原作品的作者，则会不承认演绎作品，或是对演绎作品提出极高的创造性要求；若立法者倾向于将演绎作品产生的利益完全分配给演绎人，则也有可能不承认演绎作品，并认为极低的创造性投入即可产生全新的作品，既然该"全新作品"与"原作品"完全脱离，所产生的利益当然归属于

---

❶ 参见：德国著作权法第3条、第23条。德国著作权法［M］. 范长军，译. 北京：知识产权出版社，2013：4，29.

❷ 参见：日本著作权法第2条、第11条、第27条、第28条。日本著作权法［M］. 李扬，译. 北京：知识产权出版社，2011：5，14，21.

❸ 《伯尔尼公约》虽集中规定了翻译、改编等所得之演绎作品为受保护的作品，但分别对翻译权、改编权进行了规定。Art. 2, 8, 12, Berne Convention for the Protection of Literary and Artistic Works Paris Act of July 24, 1971, as amended on September 28, 1979.

❹ 耶林. 为权利而斗争［M］. 郑永流，译. 北京：法律出版社，2007：1.

"演绎人"所有。实际上，当今世界各国普遍选择对演绎作品进行保护，这体现了立法者对原作者与演绎人的利益兼顾。当然，这种兼顾是建立在区分二者独创性的基础之上的。一方面，对需征得原作者同意方可对作品进行演绎的规定，体现了对原作品作者创造投入的尊重，也为原作者获取利益提供了制度保障。另一方面，对演绎作品本身的确认和保护，亦是对演绎人创造投入的肯定，演绎人可以凭借其投入的创造，获取由演绎作品产生的利益。

二、演绎作品保护模式的选择

（一）演绎作品增值利益保护的差异性

虽然为了兼顾原作者与演绎人的利益，法律保护了具有独创性的演绎作品，然而，不同国家对演绎作品的保护，还是有所差别的。演绎作品法律保护的差异性，主要体现在是否将演绎作品作为一个单独的作品类别予以保护。将演绎作品作为一种独立的作品类别予以保护，需要其具备可区别于其他作品的特殊性。

演绎作品的特殊性问题，可从演绎作品所包含的内容入手进行探讨。以翻译作品为例，翻译是将原作品的语言文字，转换成另一种语言文字的行为。一般情况下，译者应当尊重原作品，不得对原作品进行歪曲和篡改。然而，正如莎士比亚所言，"有一千个读者就有一千个哈姆雷特"，被誉为"西方文学长河源头"

的《荷马史诗》，其译本就有数百种。❶ 诚然，翻译的实质是语言的转换。但古今中外的译者，无论遵循何种翻译理论和原则，均不可避免地会加入自己的创作。因为译者在对原作品进行翻译时，虽须忠于原作，却仍会融入自己对原文的理解，以及对语言、句法、段落的选择与编排等。与原作品相比，演绎作品包含了演绎人的创作，表现为基于原作品表达之外的独创性表达。由此可见，演绎作品存在特殊性，其特殊性源于演绎人新的创作投入，因而演绎作品是一种可以区别于原作品的特殊作品，具备法律独立保护的前提。

在我国，《著作权法》明确列出的作品类别并未包含演绎作品，然而，却在第 13 条中对"改编、翻译、注释、整理已有作品"而产生的新作品之著作权归属问题，进行了统一的规定。如果上述四种作品并不具有相似性，则不应集中规定于一处；而如果其具备共性，又被规定于同一条法律之中，那么为何不将其共性进行概括并予以说明呢？显然，我国《著作权法》的这一安排不尽完美。演绎作品具备保护的必要性和特殊性，在我国也存在一定的立法基础，因此理应明确演绎作品的概念，并对其进行独立的保护。

（二）演绎作品保护模式的封闭与开放

如前文所述，我国现行的《著作权法》并未抽象出演绎作品的概念，对演绎作品也未进行单独的保护，演绎作品的保护而

---

❶ 牛云平. 谁发现了真正的荷马：西方翻译史上的一桩著名公案 [J]. 中国翻译，2015，36（1）：40.

是分散于不同形式作品的保护之中。此种分散的立法形式，不利于演绎作品的利益分配。在《著作权法》第三次修改的过程中，"演绎作品"这一概念曾被试图安排于著作权的归属部分，❶ 可以说这是立法上的一次重要尝试。然而，此次尝试以失败告终，并且在草案送审稿中仅对演绎作品进行简单的列举和规定，并无具体内涵的概括，不免有些遗憾。

　　在法律保护演绎作品的过程中，各国形成了不同的立法模式，即以美国为代表的"开放模式"和以英国为代表的"封闭模式"。❷ 不同保护模式的选择，也是在对演绎作品进行保护时需要考虑的问题。如果对演绎作品保护的规定过于具体，可能导致新出现的演绎作品类型不能及时地被著作权法所保护，也可能使法官在司法审判实践中陷入尴尬的境地。例如，在一起由"孔虫"雕塑引发的著作权纠纷案件中，由于被告所实施的行为不能被认定为现有法律中的改编行为，因而一审法院判决被告侵犯了原告的复制权。而二审法院经审理后指出：被告的雕塑作品是原告模型作品的演绎作品，被告的行为侵犯了原告的演绎权。❸ 上海市高级人民法院在审理"钱钟书作品案"时，也遇到了类似

---

❶　参见《中华人民共和国著作权法（修订草案送审稿）》第16条。
❷　美国采取较为开放的"概括加列举法"，即首先明确演绎作品为有变化的有独创性的作品。其次指出任何形式的重铸、转换、改编形成的作品，都可以成为演绎作品。最后，还对已经出现的演绎作品类型进行了列举。美国的开放式立法，对已经出现以及今后可能出现的不同形式演绎作品利益进行了全面保护。相比之下，英国对演绎作品则采取了"列举式"的封闭保护。此种模式相对保守，只对法律明确规定的几种形式演绎作品进行保护。
❸　参见：中国科学院海洋研究所、郑守仪诉刘某谦、莱州市万利达石业有限公司、烟台环境艺术管理办公室侵犯著作权纠纷案，《中华人民共和国最高人民法院公报》，2014（3）。

的困境。由于被告的"汇校"行为并非法律明确规定的改编或汇编等行为，因而法院在对该行为进行定性时，只得将其解释为一种演绎行为。最终，法院在判决中指出："'汇校'是对原作品演绎的一种形式。汇校者必须依法汇校，不得侵犯原作品的著作权。"❶

事实上，技术发展和社会变化之迅速，常常会使立法者和司法裁判者们感到措手不及。因而，在对演绎作品进行立法保护时，不妨借鉴美国的方法，采取较为开放的立法模式。对现有的演绎行为进行列举（如改编、翻译等行为），并将演绎作品的内涵加以概括。具体而言，可将演绎作品规定为："演绎作品是一种利用已有作品而产生的，具有独创性的新作品，例如，改编作品、翻译作品、汇编作品等。"这样一来，利于对演绎作品进行更为灵活和完整的保护。

以立法形式对演绎作品进行保护，对原作者和演绎人而言，都是一种利益分配的保障。演绎作品的立法保护轨迹，揭示出法律对演绎作品保护的初衷，即：立法保护演绎作品，源于利益分配的需求。而对演绎作品保护的立法表达，则体现出立法者对原作者和演绎人独创性的区分以及利益的兼顾。法律对原作者和演绎人利益的兼顾，是否会造成二者对演绎作品的"双重控制"呢？实际上，如果能真正做到区分与兼顾并重，科学地划分演绎作品的利益边界，那么该问题便可迎刃而解。因而，演绎作品的利益区分，便成了实践中需要解决的重要问题。

---

❶ 参见：钱某书、人民文学出版社诉胥某芬、四川文艺出版社著作权纠纷案，《中华人民共和国最高人民法院公报》，1997（1）。

第二节 演绎作品保护的利益区分

前文对演绎作品立法保护初衷的回溯，清晰地展现出法律为兼顾原作者和演绎人的利益，而对具有独创性的演绎作品进行确认和保护的过程。除了立法之外，司法案例对于演绎作品的独创性认定以及利益分配研究也十分重要。针对司法保护中的案例进行分析，不仅可以还原蕴含于其中的审判逻辑，而且可以提供演绎作品利益区分的实证参照。

在当今社会，通过立法保护演绎作品已然成为一种趋势。而在近代早期，立法尚未保护演绎作品之时，法官在不同时期处理演绎作品利益纠纷时所展现的态度，也存有差别。立法者和法官在法律的产生和发展过程中，扮演着不同的角色。立法者的主要工作是创设法律，法官的工作则是实施法律，并以此来解决实际问题。然而，法官在遇到实际问题时，首先需要明确该问题所涉及的需求和利益，继而将其转化为可行的目标。❶ 总体而言，演绎作品的司法保护历程，经历了豁免阶段和限制阶段。在豁免阶段中，由于对作品独创性的认定标准较低，演绎行为创作而成的作品常常因存在独创性，被视为一种新的作品，得到法律的豁免。而在限制阶段，由于独创性认定标准的提升和作者权利的扩

---

❶ 萨默斯. 美国实用工具主义法学［M］. 柯华庆，译. 北京：中国法制出版社，2010：41.

张，演绎行为产生的作品可能会被认定为是一种演绎作品而受到法律的限制。

一、演绎作品的豁免

1720 年发生的 *Burnett* 案可谓是《安娜法令》颁布后，英国历史上关于演绎作品的第一个里程碑式案件。❶ 该案被告未经许可印发了原告作品的英文版本。法官在判决中指出：法律的目的仅仅是阻止单纯的复制行为，由于翻译者对作品进行了创作，翻译作品便成为与原文不同的新作品，法律并不禁止这种产生新作品的行为。随后发生于 1740 年的 *Gyles* 案，则是一个关于节选作品的侵权纠纷。❷ 审理该案的法官认为：拥有创造性的删节行为，可以被法律所赦免。在侵权诉讼的外表下，上述两个案件原、被告双方的真实需求，是希望法官对演绎作品产生的增值利益进行分配。而该问题所涉及的具体利益，则包含社会公众与权利人等多方面的利益。此时，由于演绎人的创造行为具备独创性，且未侵害原作品权利人的复制利益，并对新作品的产生起到了鼓励作用，利于社会大众的利益，法官据此作出判断：演绎行为如果对社会公众更为有利，则不应被禁止。面对演绎作品引发的利益纠纷时，与前述英国法官相同，美国法官也倾向于对"复制"概念进行较为严格的解释。例如审理 *Stowe* 案的法官就认为，复制必然是使用同种语言的行为，而被告的翻译行为显然没

---

❶ *Burnett v. Chetwood*, 35 Eng. Rep. 1008（Ch. 1720）.
❷ *Gyles v. Wilcox*, 26 Eng. Rep. 489（Ch. 1740）.

有侵犯原告作品的复制权。❶ 因为翻译作品具备独创性，且该行
为利于达到著作权法达成其鼓励创作的目的，具有独立价值，所
以不应当被禁止。

　　由此可见，早期的演绎作品被认定为非侵权作品，得到了法
律的豁免。演绎作品产生的利益，自然归属于演绎人。由于此时
的法律只禁止作品的非法复制，在原作品上的加工行为，只要符
合较低的独创性认定标准都会被认为是新作品。在这种观点的影
响下，并不具备演绎作品概念产生的空间。法院的审理过程，直
接表现为对作品独创性微小变化标准的认定，以及在利益衡量后
对演绎行为是否侵权的判断，而实际上则是通过对"演绎"行
为较低独创性标准的认可，将"演绎作品"产生的利益全部分
配给了"演绎人"。

二、演绎作品的限制

　　在演绎作品的限制阶段，作品的独创性认定标准有所提高，
他人对受保护作品进行细微改动的使用行为，已被视为侵权。❷
此时，虽然法律已经开始对作品的戏剧化等改编权进行了保
护，❸ 但是，作者和演绎人对演绎作品的利益争夺依然存在。例
如在 Dam 案中，法院认为：虽然被告在原告故事的框架下，增

---

❶　*Stowe v. Thomas*，23 Fed. Cas. 201（C. C. E. D. Pa. 1853）.

❷　*Yuengling*，*Jr. v. Schile*，12 F. 97，99（1882）. 在该案件中，虽然被告在原告彩
　　色石印画的基础之上进行了一定的改动，但是法官认为，如果原告的作品是可以
　　进行版权保护的，则被告使用与原告大致相同设计的作品即为侵权。

❸　Act of March 4，1909，§ 1（b），60th Cong.，2d Sess.

加了更多的角色和事件,但主题却与原告相同。❶ 如果被告并未使用原告故事并独立创作,创造了一个包含该特定思想的戏剧,则并不侵犯原告故事的著作权。然而,通过对比细节后发现,被告的剧作家阿姆斯特朗读过原告的作品,并以该故事为基础创作了戏剧作品,其对事件的增加或细小变化的改动,不足以逃避侵权指控。最终,法院认定被告侵犯了原告戏剧化作品的权利。❷

在同一时期发生的 *Kalem* 案中,美国联邦最高法院对被告的不利判决,被质疑为将著作权保护范围从表达扩张到了思想。面对这一疑问,霍姆斯大法官(Mr. Justice Holmes)指出:出于保护作品之目的,法律赋予作者有限的垄断权利是恰当的,该案的司法判决,并没有试图垄断思想。在对作品的思想和表达进行区分时,应当注意表达并非仅局限于语言和文字,例如行为、表情等亦可构成表达。深层次的表达,也可以使受众了解到作者的作品,被告侵犯的正是原告有独创性的深层次表达。❸ 在本阶段中,法院在提高对作品独创性认定标准的基础之上,认为演绎行为是一种可能侵犯他人合法利益的行为。这一过程从表面上看,是对演绎行为是否侵犯原作品著作权的判断,实际上则是通过提高独创性的认定标准,将演绎作品产生的利益分配给了原作者。

上述司法案例表明,无论是在演绎作品的豁免阶段,还是在限制阶段,演绎人与原作品权利人对演绎作品的增值利益争夺从

---

❶ *Dam v. Kirk La Shelle Co.*,175 Fed. 902(2d Cir. 1910).

❷ *Dam v. Kirk La Shelle Co.*,175 Fed. 907(2d Cir. 1910).

❸ *Kalem Co. v. Harper Bros.*,222 U. S. 63(1911).

未停止，甚至在法律明确保护作品的改编权之后，各方利益主体仍在司法实践中进行较量。如前文所述，自 19 世纪起，在司法实践中便认为，仅对文字作品进行微小变化而使用的行为是侵权行为。随后，法院逐步发展出了"超过微小变化"标准，该标准是指演绎作品与原作品之间，需要存在着超过微小变化的区别。❶ 该标准是演绎作品独创性考察的一项客观指标。

三、演绎作品的保护

与"超过微小变化"标准相同，"实质性区别"标准也是对演绎作品独创性考察的一种客观分析方式。该标准起源于 *Gracen* 案，❷ 波斯纳大法官在判决中认为，如果对公共领域作品进行微小改动后形成的"新作品"可获得版权保护，那么在后的任何模仿原公共领域作品的人均有可能侵犯该"新作品"权利人的权利。实质性区别标准相比超过微小变化标准而言，是一种独创性认定标准在质上的提升。在进行演绎作品侵权案件的相似性对比时，要求演绎作品具备实质性区别高度的独创性，否则难以被认定为一个新的作品。此时，法院对演绎作品独创性的要求再次提升，提高到了具有"实质性区别"的高度。通过独创性要求的提高，法院将具备实质性区别独创性的演绎作品的部分利益分配给了演绎人。

在我国，虽然由演绎作品引发的案件并不多，但却广泛分布

---

❶ *L. Batlin & Son, Inc. v. Snyder*, 536 F. 2d 486, 189 U. S. P. Q. （BNA）753 （2d Cir. 1976）.

❷ *Gracen v. Bradford Exchange*, 698 F. 2d 300 （7th Cir. 1983）.

于各种形式的作品之中。❶ 原作者和演绎人对演绎作品的利益争夺，除了思想、表达划分的政策考量外，也通过不同类型作品的独创性认定逐步展开。例如"梁祝"案，就是由戏曲改编引发的演绎作品保护案件。❷ 法官认为判断被告是否侵权，首先需要查明被告作品的唱段是否使用了原告作品中具有独创性的部分，二者是否构成实质性相似。相较于戏剧改编引发的演绎作品纠纷案件，电视剧的改编侵权纠纷更为常见。在电视剧《最后的骑兵》纠纷案件（以下简称为"电视剧骑兵案"）中，法官指出：被告作品与原告作品是否构成实质相似，是该案的核心问题。由于两部作品除了利用同一历史题材之外，在整体上并不相似，最终原告败诉。❸ 此时，演绎作品与原作品比对的内容，是原作品具备的独创性表达。如果演绎作品利用了原作品，但具备实质性区别的独创性表达，那么演绎人可以参与该演绎作品的增值利益分配。

四、演绎作品独创性认定与利益衡量

纵观演绎作品的司法保护历程不难发现，法院的审理过程总体上分为相似性审查和利益衡量两个部分。

相似性审查阶段的本质是对在后作品独创性的考察。而比对

❶ 张玲玲，张传磊. 改编权相关问题及其侵权判定方法 [J]. 知识产权，2015（8）：28 - 35.
❷ 参见：上海市第一中级人民法院（2009）沪一中民五（知）初字第 119 号民事判决书。
❸ 参见：山东省高级人民法院（2011）鲁民三终字第 194 号民事判决书。

两部作品是否相似，经历了"逐字对照""深层次表达是否一致"等不同阶段。相应地，演绎作品的独创性认定标准也由"微小变化"发展到"超过微小变化"标准，最终发展成为"实质性区别"标准。可以说，正是司法审判实践对独创性认定标准的不断提高，才促进了法律对演绎作品的保护。

　　著作权法所保护的作品应当具备独创性。如果在后作品利用了原作品的表达，并具有实质性区别的独创性，则该作品可能会被视为演绎作品受到法律保护。如果两部作品相似，在后作品缺乏实质性区别的独创性，利用了他人受保护作品之表达，则在后作品会被判定为是他人作品的抄袭作品而受到法律的苛责。换言之，如果利用原作品表达的在后作品不具备独创性，则由该在后"作品"产生的利益并不能当然地归属于"演绎人"；如果在后作品具备独创性，则其产生的利益可能被分配于演绎人手中。因而，法院对作品独创性的认定，随即成为演绎作品利益分配的前提。

　　在利益衡量阶段，不同时期的衡量内容是有所差别的。例如，当法律未保护演绎权时，法院更多的是站在演绎人的角度进行思考，即演绎行为具备独创性，理应受到保护。而到了法律限制演绎作品的阶段，法院则更倾向于支持原作品的权利人，即演绎作品的利益源于原作者的创造，因而原作者独创性的利益应得到法律保护。

　　结合这两部分的内容可以发现，法院的审判逻辑是建立在"独创性表达应当予以保护"这一立场之上的。换言之，法院支持演绎人的利益，是出于对演绎人创作的保护，认为演绎人可以凭借其具有实质性区别的独创性表达而获取相应的利益；而法院支持原权利人的利益，则是出于对原作品作者创作的保护，即原作品作者可依靠其独创性获得该作品的利益。所以，从作品角度出发，虽然原作品和演绎作品都应当包含独创性，但演绎作品与原作品的独创性认定标准，存在着本质的差异，应当有所区分。既然原权利人与演绎人各自的独创性表达，均有受到法律保护的必要，那么二者间的利益边界，自然也可以利用各自的独创性予以区分。此时，原作品具备著作权法要求的最低程度独创性即可，而利用原作品独创性表达的演绎作品则需要具备实质性区别的独创性。即不同程度的独创性，成为划分演绎作品利益的边界。

综上所述，演绎作品的司法保护历程，体现出法院的审判逻辑。虽然法院的审判是通过相似性审查和利益衡量对演绎行为是否侵权进行判断，而实际上则是借由独创性认定标准的制定，对演绎作品产生的增值利益进行区分。尽管利益衡量时的倾向有所区别，独创性的标准也由"微小变化"发展为"实质性区别"，但是总体而言，在利益衡量前都需要对演绎作品的独创性进行认定。可以说，原作者和演绎人均对作品的独创性作出了贡献。因而，要解决可能产生的演绎作品"双重控制"之困境，必须界定二者各自的利益边界。此时，对不同主体不同程度的独创性认定，便成为划分演绎作品增值利益分配边界的关键。

第三节　演绎作品的利益分配

法律保护演绎作品的目的是合理地分配由演绎作品产生的作品增值利益。而演绎作品的利益分配包含两个层次：第一层次为宏观层面上的利益分配，第二层次为微观层面上的利益分配。对公共利益进行思考，更多的是衡量一个作品是否可以被认定为演绎作品而受到法律保护，即是否赋予演绎人以权利来保障相应的利益分配，这是第一层次的利益分配所涉及的问题。而究竟应当遵循何种方式，在主体之间分配演绎作品产生的利益，便是第二层次的利益分配问题。著作权法对演绎作品的独创性进行保护，兼顾了原作者和演绎人利益分配的需求，对独创性的认定，又区分了原作者与演绎人的利益边界。那么，对独创性的衡量在演绎作品利益分配的过程中又发挥着何种作用呢？

一、宏观层面的利益分配

演绎作品是基于已有作品进行创造而产生的新作品。法律将"基于已有作品"作为演绎作品的构成要件之一进行要求，一方面是希望对演绎作品与原创作品进行区分，另一方面也是希望可以据此分配演绎作品产生的增值利益。例如美国法院在认定"已有作品"时均认为，"已有作品"应当是正在受法律保护的作品，或者是已经处于公共领域的作品。基于非受保护作品和公共领域作品不可能成为演绎作品的这一规则，在 *Peter Pan* 案中得到了法院的认可。❶ 在该案件中，法院认为：被告的设计是基于一幅从来没有获得著作权法保护的画而来的，这种情况下无法产生著作权法定义下的演绎作品。该规则不仅在传统著作权领域内得到认可，而且在涉及电子产品这一领域内发生的 *Lewis Galoob Toys* 案件中，也得到了法院的支持。❷ 在另一起涉及计算机程序是否构成演绎作品的 *Gates Rubber* 案中，法院指出，既然原告的作品不是正在受或曾经获得著作权法保护的作品，那么被告的计算机程序并不能成为原告作品的演绎作品。❸ 只有基于已有作品的创作，才有可能被认定为演绎作品。此时，未经他人许可创作演绎作品，才有可能被认定为侵犯作者的演绎权。因而，对演绎作品作出须基于已有作品进行创造的要求，保障了他人利用未曾受著作权法保护的作品资源进行创作的自由。

尽管法律基于保障公共利益的目的，从独创性到基于已有作品等方面，对演绎作品的构成进行了严格的规定，但是由于演绎作品是在已有作品之上形成的，人们会对演绎作品保护的合理性产生怀疑。特别是对在公共领域作品基础之上产生的演绎作品进行保护，可能会有危害公共利益之嫌。例如，在著名的"乌苏里船歌案"中，法院就明确指出：以民间传统音乐的曲调作为基础

---

❶ *Peter Pan Fabrics, Inc. v. Rosstex Fabrics, Inc.*, 733 F. Supp. 174, 16 U. S. P. Q. 2d（BNA）1631（S. D. N. Y. 1990）.

❷ *Lewis Galoob Toys, Inc. v. Nintendo of America, Inc.*, 964 F. 2d 965, 22 U. S. P. Q. 2d（BNA）1857（9th Cir. 1992）.

❸ *Gates Rubber Co. v. Bando American, Inc.*, 798 F. Supp. 1499（D. Colo. 1992）.

创作出的音乐作品，属于改编作品。❶ 虽然对民间文学艺术作品的开发和利用有助于其传承和发展，但是在进行利用时，应当注明出处并且改编人仅对其独创性部分享有权利。与该案相同，在前文所提及的"梁祝"案中，法院认为被诉剧本的唱词，应该是在已有的民间唱词基础之上逐渐修改而成的。而原告父亲刘某薇，既非"梁祝"故事的原创者，也非越剧"梁祝"的首创者，并无证据可以证明，刘某薇是否对唱词有过创造性的贡献。❷ 同样，在"电视剧骑兵案"中，法院也认为：真实的历史题材是处于公有领域的信息，这是全社会的共同财富，不能被个人垄断。❸ 以上案件均表明：利用公共领域的作品进行演绎，不得侵犯公共利益。演绎作品的演绎人，仅针对其独创性部分享有权利。

由此可见，在利益分配的过程中，衡量演绎作品是否具备独创性十分重要。如果利用已有作品产生的"新作品"不存在独创性，则该"演绎人"不能享有任何权利，不然可能会危害公共利益。正因如此，针对公共领域题材的演绎行为可能会危害公共利益的疑虑，前文提到的"实质性区别"标准，在司法实践中才逐步成为演绎作品独创性的新标准。

从上述内容可以看出，在宏观的利益分配层面，公共利益是需要考虑的重要因素。针对公共利益可能受到侵害的情况，法院

---

❶ 参见：北京市高级人民法院（2003）高民终字第 246 号民事判决书。
❷ 参见：上海市第一中级人民法院（2009）沪一中民五（知）初字第 119 号民事判决书。
❸ 参见：山东省高级人民法院（2011）鲁民三终字第 194 号民事判决书。

惯常的做法是对独创性的有无进行衡量，即通过对独创性标准的设定来影响演绎作品的认定，继而调节演绎人与公共利益间的冲突。

二、微观层面的利益分配

自著作权法产生以来，凡谈及对作品的保护，国内外学者均无法逃离保护力度强弱之争：或加强保护以促进创新，或限制权利以平衡著作权人与社会公众间的利益。❶ 在理论界，对演绎作品的保护态度如同对作品的保护一般，存在着两大对立阵营。事实上，作品保护力度的强弱之争，并不是一个简单的非此即彼的矛盾选项。法律保护著作权之目的，并非为巩固权利人对作品的控制，而是将利用作品产生的利益回报于权利人，以达到著作权法律制度设立之初的期许——鼓励创造。正如学者所言，"实现知识产权价值的主要途径并非占有，而是利用"❷，演绎作品作为利用已有作品的产物，其创造行为本身就是已有作品价值的实现方式，产生的利益理应在原权利人和演绎人之间进行分配。而此时，对演绎作品和原作品独创性贡献的衡量，便成为二者间利益分配的关键所在。

在"琼瑶诉于某案"❸ 中，针对独创性表达，法院指出：著作权法仅保护思想的表达，作品中受保护的表达，是一个不断抽

---

❶ GOLDSTEIN P. Derivative Rights and Derivative Works in Copyright [J]. Journal Copyright Society of the U. S. A. 1983, 30: 209.

❷ 彭学龙. 知识产权：自然权利亦或法定之权 [J]. 电子知识产权, 2007 (8): 15.

❸ 参见：北京市高级人民法院 (2015) 高民 (知) 终字第 1039 号民事判决书。

象过滤的过程。如果作品中的表达具有独创性且足够具体，则应当受到法律的保护。随后，法院对演绎作品独创性贡献的大小进行了衡量，在此基础之上指出：该演绎作品是侵权人获利的主要原因，因而被告需要承担停止侵权的责任。

与上述判决停止侵权的琼瑶诉于某案不同，近期涉及游戏规则抄袭的《率土之滨》（简称《率土》）案，❶ 并未判决被告承担停止侵权责任❷。该判决中法院认定原告主张的游戏规则，属于具有独创性的表达。被告游戏《三国志·战略版》（简称《三战》）对《率土》79 项游戏规则的实质利用，构成对原作品的改编。而在停止侵害的判定时，法院却认为：演绎作品本质上包含原作者与演绎作者两者的独创性表达，故应既保护原告的合法权利，又合理平衡被告的利益。最终，法院综合考量了涉案侵权情节以及社会公益等内容，决定不对侵权游戏进行停止运营的要求。❸

在 *Sheldon* 案中，被告拍摄的电影《莱蒂·林顿》（*Letty Lynton*）是根据著名案件——"马德琳·史密斯谋杀情人案"的素材以及原告谢尔顿（Sheldon）创作的戏剧《丧失名誉的女士》

---

❶　参见：广州互联网法院（2021）粤 0192 民初 7434 号民事判决书。

❷　"侵权不停止"的典型案例还有著名的"大头儿子"案。法院从突出公共利益的优先性并考虑双方当事人利益平衡的角度，以提高赔偿数额作为责任替代方式，对当事人进行司法救济。参见：浙江省杭州市中级人民法院（2015）浙杭知终字第 357 号民事判决书。该判决最终因出现新证据，被最高人民法院再审推翻。参见最高人民法院（2022）最高法民再 45 号民事判决书。

❸　相应判决指出，相对于利用 79 项规则及其逻辑架构而言，《三战》本身亦具有一定独创性。同时，电子游戏不仅涉及游戏创作者和运营者的利益，而且还与广大玩家的利益息息相关。若判令停止运营《三战》游戏，玩家的利益将难以避免受到严重损害。

（*Dishonored Lady*）的部分内容创作而成的。该案争议焦点在于，是否同意原告的诉讼请求——将被告作品的全部利润作为其侵权获利向原告进行赔偿。美国联邦地区法院以及联邦第二巡回上诉法院均认为：尽管未经同意使用他人戏剧改编成电影的行为是侵权行为，但是一部电影所产生的利益不是完全归功于剧本。美国联邦最高法院对此也表示赞同，并指出：电影的利润除了剧本之外，还要归功于演员、制片人等对该电影所作的贡献，因而将电影产生利润全部赔付给原告是不公平的。❶

由此可见，在对未获授权的演绎作品产生利益进行分配时，独创性贡献的大小可以左右演绎作品利益分配的额度和走向。如果演绎作品产生的利益主要源于原作品的独创性内容，则其产生的利益，自然归属于原作品。如果演绎作品产生的利益，部分源于演绎作品中资本的贡献，那么由此产生的利益自然归属于演绎作品的资本投入方。而如果演绎作品本身也具备较强的独创性，那么从对演绎人独创性的保护和社会公益的角度出发，不会要求演绎人承担停止发行等责任，并且会将属于演绎人独创性贡献的利益安排给演绎人。

可以说独创性的有无能够决定一部作品是否为演绎作品、演绎人是否有资格参与相应的利益分配。而独创性贡献大小的衡量，不仅可以区分原作者与演绎人的利益，而且还可以区分创作者与资本投入方的利益，并影响演绎作品利益分配的方向。因而，在司法审判中，不仅应当对演绎作品是否具备独创性进行判

❶ *Sheldon v. Metro-Goldwyn Pictures Corporation*, 309 U. S. 390（1940）.

定，而且还应当对演绎作品独创性贡献的大小进行衡量。具体而言，当面对演绎作品带来的利益分配问题时，首先应当重点对该演绎作品是否具备独创性进行判定。如果具备，则应当进一步对演绎作品独创性贡献的大小进行衡量，并依照各主体的贡献来分配演绎作品的利益。

三、演绎作品的利益分配解读

前文提到的《此间的少年》案，一审认定不侵犯著作权，却判定停止发行和销毁库存；二审改判侵犯著作权后，并未判决停止侵权，而是对后续再版的版税收入进行了预先的司法安排。这种判决结果看似逻辑混乱，实则充满无奈。本书不对两审法院就思想、表达划分和侵权认定争议进行评价，仅对利用作品产生的增值利益分配安排进行解读。

长期以来，我国《著作权法》并未明确规定演绎作品，却对演绎作品的产生和利用进行了极大的限制。原作品权利人的许可，是演绎作品产生的合法依据；原作品权利人的授权，是演绎作品传播利用的合法途径。在如此严苛的授权使用规则下，演绎作品的繁荣景象恐怕仅能停留在想象中。试想一下，如果《此间的少年》这部作品平淡无奇，没有很高的商业价值和社会反响，金庸先生是否会对其进行诉讼？除了该书外，金庸作品的游戏改编权也屡屡成为诉讼关键词，如果涉案游戏作品商业价值不高，相关权利人还会如此兴师动众地进行诉讼吗？

在演绎作品侵权纠纷案件中，公共利益和作品独创性的考量决定了演绎作品的利益分配路径。如果不具备独创性或停止侵权对公共利益无害，法院往往会通过停止侵权的责任承担方式，对演绎作品的继续利用和传播进行限制。这样一来，可通过限制演绎作品的后续利用，保障原作品的传播利益。然而，实践表明对前人作品进行模仿和借鉴，是文学创作的必要过程。对于原作品的保护，应当在其独创性内容范围内进行。对于演绎作品而言，如果其确实存在大量实质性区别的独创性内容，为了保护原作品的独创性而忽略演绎作品的独创性，可能会造成新的不平衡，阻碍新作品的再创作和文化的发展与繁荣。所以，在涉及演绎作品侵权纠纷中，法官往往会对演绎作品和原作品的独创性内容进行区分和衡量。如果演绎作品的确具有较高独创性，则会出于对演绎人和公共利益的保护角度，以经济补偿等替代性措施取代停止侵权的责任承担方式。在具体赔偿或补偿数额计算时，法院会考查侵权内容对于演绎作品收入的贡献。如果利用原作品的独创性内容是演绎作品的核心内容，对于演绎作品的收入具有较高的贡献度，则会支持原作品权利人较高数额的赔偿请求。❶

《此间的少年》一审判决中，法院曾指出杨某并未使用查良镛作品中的全部元素创作同人作品并出版发行，故以全部版税、经营利润作为侵权获利并不合理。在综合衡量未经许可使用作品元素在同人作品中所占比例及重要性程度的基础之上，酌情确定原作品贡献率为30%。这种审判思路符合本书的研究结论，即按照独创性贡献的大小来制定作品利益的分配策略。二审判决虽

---

❶ 参见：广州互联网法院（2021）粤0192民初7434号民事判决书。

然认定同人作品侵权，但在责任承担的判定时指出：文学创作中的模仿与借鉴是常用手段，虽然同人作品利用了原作品的一些元素，但情节不同。并且新作品的传播满足了读者的多元需求，利于文化事业的发展与繁荣，所以可以不判决停止侵权行为。而替代性措施，应当是支付经济补偿等方式。法院特别指出，涉案作品如需再版，应支付原作品贡献率对应 30% 比重的版税收入，作为对原作品权利人的经济补偿。此种审判思路即是在现有法律框架下，基于独创性判定和利益衡量对演绎作品增值利益进行合理安排，符合演绎作品保护的利益分配观和长期的司法审判逻辑。

事实上，无论是同人作品还是其他形式的改编利用，作品的演绎行为都是一种利用作品产生增值利益的行为。当然，利益的表达方式有所不同。有的利益是商业利益，而有的只是作品传播利用给人类带来精神上的愉悦。我们无法事先对演绎行为的结果作出价值判断，更无法作出相应的商业评估。获取原作品的授权再进行演绎，在现有法律规则下的确可以给原作品权利人带来一定的保障。但此种为了获取不确定性利益的少量授权行为，却牺牲了大量无法获取授权的人对作品进行演绎的权利。如果通过制度设计保护演绎作品，并让未取得授权的演绎人将其增值利益公平地分配给原作品权利人，那么授权与否变得不再重要。此时，不难发现，对于作品的演绎性使用而言，改变事先许可的方式可能是更优的选择。《此间的少年》案二审判决中对再版的利益安排即体现了此种思路。

本章小结

演绎作品是在已有作品之上的再创作，其产生的利益相对于原作品而言，是一种增值利益。以立法形式对演绎作品进行保护，对原作者和演绎人而言，都是一种利益分配的保障。演绎作品的立法保护轨迹，揭示出法律对演绎作品保护的初衷，即立法保护演绎作品源于利益分配的需求。而演绎作品保护的立法表达，则体现出对原作者和演绎人独创性利益的兼顾。当今世界各国对演绎作品进行"开放"抑或是"封闭"的立法模式选择，体现了立法者的增值利益分配观。我国《著作权法》对演绎作品规定的缺失，可能会导致司法实践中的适用困境，故应当对演绎作品进行明确的法律保护，在《著作权法》中给予其应有的地位。

演绎作品的司法保护历程，体现出法院的审判逻辑——区分独创性表达并给予保护。虽然法院的审判是通过相似性审查和利益衡量，对演绎行为是否侵权进行判断，而实际上，则是借由独创性认定标准的制定，对演绎作品产生的增值利益进行区分。原作者和演绎人均对作品的独创性作出了贡献，因而，要解决可能产生的演绎作品"双重控制"之困境，必须界定二者各自的利益边界。此时，对不同主体不同程度的独创性进行区别认定，便成为划分演绎作品增值利益分配边界的关键。

独创性的有无能够决定一部作品是否为演绎作品，演绎人是否有资格参与相应的利益分配。而独创性贡献大小的衡量，不仅可以区分原作者与演绎人的利益，还可以区分创作者与资本投入方的利益，并影响演绎作品利益分配的方向。因而，在司法审判中，不仅应当对演绎作品是否具备独创性进行判定，而且还应当对演绎作品独创性贡献的大小进行衡量。具体而言，当面对演绎作品带来的利益分配问题时，首先应当重点对该演绎作品是否具备独创性进行判定。如果具备，则应当进一步对演绎作品独创性贡献的大小进行衡量，并依照各主体的贡献来分配演绎作品的利益。

综上所述，《此间的少年》案判决，是法院在现有《著作权法》框架下，为演绎作品增值利益分配的用心安排。无论是侵权认定中的独创性考查，还是责任承担时的创新性指引，都是一种对原作品和演绎作品独创性的尊重和利益公平分配的尝试。该判决满足了兼顾原作者和演绎人利益分配的需求，并通过对独创性表达的认定，区分了原作者与演绎人的利益边界，最终基于不同独创性贡献的衡量，合理地分配了演绎作品产生的增值利益。此种演绎作品的保护方式，体现了著作权法理念的转变，将控制传播理念转变为公平分配利益以促进作品利用的理念。

第五章

新制度适用：以 AIGC 保护为例

AIGC 是 Artificial Intelligence Generated Content 的简写，是指"人工智能生成内容"。虽人工智能涉及的法律问题不是一个新话题，却随着 ChatG-PT、AI 偶像歌手、AI 绘画❶等生成式人工智能的应用现象，再度引发热议。只需输入指令，生成式人工智能便可以自动生成具有完整作品外观的内容。为此，我国发布了《生成式人工智能服务管理暂行办法》，将生成式人工智能定义为"具有文本、图片、音频、视频等内容生成能力的模型及相关技

---

❶ 北京互联网法院 2023 年判决保护了 AI 生成图片的著作权。判决指出："原告是直接根据需要对涉案人工智能模型进行相关设置，并最终选定涉案图片的人，涉案图片是基于原告的智力投入直接产生，且体现出了原告的个性化表达，故原告是涉案图片的作者，享有涉案图片的著作权。"参见：北京互联网法院（2023）京 0491 民初 11279 号民事判决书。

术"，正式对生成式人工智能的运用进行规范管理。美国版权局
也紧急发布了《版权登记指南：包含人工智能生成材料的作
品》，❶ 再次明确仅由人工智能生成的内容不能被登记。其他国
家和地区也开始不同程度地对生成式人工智能进行监管。❷

　　对生成式人工智能可能带来的著作权风险进行防范，可谓必
要且紧迫。因为作为技术之子的著作权，面对如此巨浪般的科技
革新，的确需要进行适应性的调整和完善。毕竟每一次技术发
展，都会给这部年轻的法律以新的生机。学界对此问题的研究出
现得更早，涵盖了人工智能生成内容的可版权性探讨、❸ 权利归
属安排、❹ 保护模式选择，❺ 这三大基本领域的问题。可以说，
国内外法律规范和现有研究成果为分析生成内容的著作权保护问
题，奠定了一定的理论基础。但是，人工智能生成内容的保护困
境绝非仅源于生成内容是否具备人类独创性的判断，也并非必须
在现有体系内对权利归属进行非此即彼的安排。应当看到著作权
法内部固有的问题，在探讨生成内容保护困境时，避免陷入传统

---

❶　Copyright Registration Guidance： Works Containing Material Generated by Artificial In-
telligence ［EB/OL］. ［2023 – 10 – 23］. https：//www. federalregister. gov/docu-
ments/2023/03/16/2023 – 05321/copyright – registration – guidance – works – contai-
ning – material – generated – by – artificial – intelligence.

❷　2023 年 12 月 8 日，欧盟成员国及欧洲议会议员就《人工智能法案》达成初步协
议，该法案为不同风险程度的人工智能系统施加不同的要求和义务。

❸　SCHOLZ S. A Sirious Societal Issue： Should Autonomous Artificial Intelligence Receive Pa-
tent or Copyright Protection? ［J］. Intellectual Property Law Review, 2020, 11： 81 – 133.

❹　NAQVI Z. Artificial Intelligence, Copyright, and Copyright Infringement ［J］. Mar-
quette Intellectual Property Law Review, 2020, 24： 15 – 52.

❺　SUN H. Redesigning Copyright Protection in the Era of Artificial Intelligence ［J］. Io-
wa Law Review, 2022, 107： 1213 – 1252.

权利归属之争的泥潭中。因此，本章尝试在著作权法整体视阈下，从创作内涵的解释入手，分析原创性与演绎性创作的关系，借此明确生成过程的演绎性创作属性。再以技术话语背后对应的法律语言为依据，分析生成过程如何体现人类的独创性表达、生成内容如何构成演绎作品。最终在演绎性创作视角下，尝试以促进人工智能生成内容的著作权保护为契机，探寻新技术变革对著作权法冲击的应有对策。

第一节　AIGC 的保护困境与进路

依照现有规则，人工智能生成内容难以被著作权法所保护。然而，应当清楚，生成式人工智能并非第一个被拒于著作权保护门外的新技术。技术变革之于著作权，如同水之于生命。传播技术的发展催生出一个又一个新的著作权权能——从原始的复制权到改编权，再从传统的放映权、广播权到新型的信息网络传播权。权利以束状发散，并系统性地进行赋权，是著作权区别于其他私权的一项重要特征。在此带动下，著作权主体、客体和权利范围也进一步冲破原有限制，在现代法律术语的修饰下，进行着一次又一次的扩张。就连伴随赋权与生俱来的限权制度（诸如合理使用等制度），也配合着利益平衡的动态稳定，不断地进行调整和完善。因此，当新技术来临时，不要急于拒绝。可以冷静地思考一下，不对其进行保护的原因是什么？是否无法突破？面对人工智能生成内容的著作权保护不能，最主要的困境源于以下三个方面。

一、AIGC 的著作权法保护困境

（一）限于"人"的主体地位

各国著作权法均以"人"为保护的主体要件，即只有人类创作的作品才能受到著作权法保护。一直以来，无论是作者权体系的国家还是版权体系的国家，均秉持这一观点，表现在司法实践中，就是将动物或计算机这类非"人"主体产生的"作品"，直接排除在著作权保护之外。著名的"猕猴自拍案"，[1] 即为一例。在"Telstra 电话号码案"中，澳大利亚法院也指出：涉案电话号码簿是由计算机生成的，并非人类创作结果，故不受版权法保护。[2]

同样，生成式人工智能，无论是在客观事实方面还是在法律语境中，和上述主体一样，均不能被认定为"人"。既然不能被认定为人，人工智能生成的内容就缺乏了被法律保护的先决条件。事实上，早在 1973 年第一版的《版权局工作手册》中，美国版权局便确定了受著作权法保护的作品必须来源于人的创作这

---

[1] *Naruto v. Slater*, 888 F. 3d 418（9th Cir, 2018）. 在该案中，法院认定照片是猴子而非人创作的，因此不能被版权法所保护。

[2] *Telstra Corporation Ltd. v. Phone Directories Company Pty Ltd.*，（2010）FCA 44, para. 5.

一观点。❶ 著名的《天堂入口》（*A Recent Entrance to Paradise*）绘画登记案，即为该观点的典型代表。该案中，美国版权局拒绝对一幅人工智能自主生成的绘画作品进行登记，并认为："版权法只保护基于人类创作能力而产生的智力劳动成果。不会登记在缺乏人类作者创造性投入的情况下，由机器或者纯粹机械过程而生成的内容。"❷ 国际保护知识产权协会（AIPPI）在 2019 年 9 月发布的《关于人工智能生成作品版权问题的决议》中也表明：没有自然人的干预，人工智能生成内容不应受到版权保护。❸

（二）困于独创性的客体思辨

人工智能生成内容不能被认定为作品，而被拒于著作权法保护之外的第二个困境，便是生成内容的独创性认定问题。独创性的有无，向来是著作权法关心的重点问题，也是著作权领域的必争之地。由于著作权法要求作品必须具备独创性，"现阶段，人工智能生成的内容只是应用某种算法、规则和模板的结果，与为形成作品所需的智力创作相去甚远"，❹ 故不易被认定为具备独创性。

除此之外，在主体"人"的限制下，生成式人工智能在非"人"干预的情况下自动生成的内容，即便具备独创性，也会因

---

❶ See U. S. Copyright Office, Compendium of Copyright Office Practice（1973）, § 2. 8. 3.

❷ https：//www. copyright. gov/rulings – filings/review – board/docs/a – recent – entrance – to – paradise. pdf.

❸ https：//aippi. soutron. net/Portal/Default/en – GB/RecordView/Index/35.

❹ 王迁. 论人工智能生成的内容在著作权法中的定性［J］. 法律科学（西北政法大学学报），2017，35（5）：150.

缺少人类的创造性投入，而难以被认定为是具有法律要求的独创性作品。这样的现实难免会打击生成式人工智能使用者的创作热情。

（三）困于封闭性的体系之维

在主体和客体之外，著作权保护人工智能生成内容所面临的第三个严峻挑战，便是封闭性的著作权体系。由于著作权是一项重要的法定权利，其权利范围、权利内容的构建和权利限制的设置，无不体现出封闭式的立法安排。这种封闭性的权利体系，对新作品类别或新传播方式的权利赋予和权利限制来说，无疑是致命的。

从权利体系的维度来思考，如果人工智能生成内容可以被著作权法保护，那么生成过程是否会落入已有作品的权利范畴？智能生成权是否要被立法保护为一项新的权利？人工智能生成内容与未使用人工智能的人类创作作品的权利范围是否相同？对其"作品"的限制是否一致？这些路径依赖的困扰，都是阻碍现有法律对人工智能生成内容进行保护的制度性原因。

从著作权的主体认定，到客体的独创性判定，再到权利体系的限定，人工智能生成内容的著作权法保护之路可谓充满坎坷。如前文所言，新技术给人类带来的著作权挑战，从来都不是以技术让步或著作权法固步自封而结束的。制度对于技术而言，不能也不应仅起到限制作用。面对人工智能技术的发展浪潮，我们需要思考的是：如何以制度来促进技术创新和应用，以著作权制度来指引生成式人工智能的健康发展。

二、AIGC 的著作权法保护进路

著作权法自产生之初，就戴着鼓励创作的光环。作为创作的主体，人类自然而然地被寄予厚望。无论是劳动财产说、❶ 人格外化说，❷ 还是激励说，❸ 著作权产生根源的理论阐释均建立在人创作了作品的基本维度之上。相应地，权利或财产性激励也应当赋予"人"。在这样的话语体系下，的确没能给生成式人工智能成为权利主体留下足够的空间。

（一）"人"的解释空间

只有人类才拥有智慧吗？其他具有智力的生命（或非生命体），不具有表达的技能吗？答案当然是否定的。那么为何仅将人类智力活动的创造物赋予私权保护呢？很显然，在私权体系中，人向来是权利主体，动物以及其他有体物和无体物一直居于权利客体的地位。不仅如此，权利主体与客体间的法律地位也是不得转换的。非人的物，无论有体或无形，只可能是支配权的对象而非权利主体。❹ 这样的简单逻辑，在其他领域鲜有质疑。

反观生成式人工智能的著作权保护领域，人可以成为作者被

❶ 洛克. 政府论：下篇 [M]. 叶启芳，瞿菊农，译. 北京：商务印书馆，1964：19.
❷ 黑格尔. 法哲学原理 [M]. 范扬，张企泰，译. 北京：商务印书馆，1961：75.
❸ LANDES W，POSNER R. An Economic Analysis of Copyright Law [J]. Journal of Legal Studies，1989：18.
❹ 布洛克斯，瓦尔克. 德国民法总论 [M]. 张艳，译. 北京：中国人民大学出版社，2012：456.

赋予权利，而人工智能不可以。这是因为人是权利主体，人工智能仅可作为权利客体或对象，并非因为人工智能不可能产生和人类作品水平相当的独创性作品。换言之，只赋予人类创造的作品以权利，并非源于只有人才具备创造力，而不赋予生成式人工智能以主体地位的原因，也并不是生成内容一定不具备独创性。独创性的有无和创作者是人与否，并不是一一对应的关系。那种认为不赋予生成式人工智能以作者身份的原因是只有人才能进行创作的观点，实际上是一种片面的解读。

如今，著作权领域所面临的冲击，与其说是基于人工智能能否成为作者被著作权法保护的争论，倒不如一针见血地说是：现有矛盾根源在于生成式人工智能产生利益应当如何分配。立法者将创作作品的人称为作者，并将作品上的权利天然地赋予作者，目的就是通过作品利益的公平分配——将作品产生的利益公平分配于创作人手中，来激励创作。既然作者身份的赋予是利益分配的前提，那么现有法律术语中除"人"之外的另一作者——"法人或者非法人组织视为作者"，就成为解决非人创造内容利益分配的希望。此时，一个看似可行的方案便出现了。❶

"法人"这种拟制人身份，真的可以解决生成式人工智能著作权保护的主体问题吗？在我国，《著作权法》第 11 条第 3 款规定："由法人或者非法人组织主持，代表法人或者非法人组织意志创作，并由法人或者非法人组织承担责任的作品，法人或者非

---

❶ 熊琦. 人工智能生成内容的著作权认定 [J]. 知识产权，2017 (3)：3–8.

法人组织视为作者。"所以，尝试以"视为作者"的身份，将生成式人工智能解释成符合法律规定的"人"，的确是在现有法律术语中突破主体限制最好的方式了。然而，生成式人工智能该如何主持创作，其意志又从何体现呢？按照生成式人工智能的创作机理，人工智能开发者才是主持主体（算法、预训练模型技术提供等），使用者才是生成内容所体现的意志主体（提供指令、修正指令引导创作）。可见，生成式人工智能既无法主持创作，又无法产生意志。除此之外，从法人或非法人组织的概念来看，人工智能显然不具备相应的行为能力或责任能力。本着权利义务相统一的原则，如果将人工智能解释为法人或非法人组织，那么当其侵权时，该如何承担责任？因此，生成式人工智能不宜被解释为"视为作者"的法人或非法人组织。故人工智能生成内容的著作权法保护进路中，对"人"进行扩大解释的方法难以为继。

（二）署名推定原则的漏洞

生成式人工智能虽不能通过扩大"人"的解释获得著作权主体的地位，却可依照署名推定原则"冒用"人的身份出现。

现实中可能会有人将生成式人工智能的创作内容直接署上自己的姓名，将人工智能生成内容"当作"自己的创作发表或利用。根据署名推定原则，在作品上署名的人即为作者，且该作品上存在相应权利，但有相反证明的除外。[1] 也就是说，只要使用者在生成式人工智能作品上署上自己的名字，便可以直接进行该

---

❶ 参见：《著作权法》第 12 条。

作品的授权、转让以及诉讼等行为。此时，作品上的署名会形成一个权利外观，使相对方有理由相信署名人是作者，且该作品享有著作权。特别是在现有技术还无法轻松识别作品来源的情况下，如果冒名人故意制造创作过程的痕迹，那么很难提出相反证明推翻署名的推定内容。除此之外，如果将人工智能生成内容直接署名为一个无法判断是人还是人工智能的代号，那么对该作品利用或保护时又该如何判断呢？比如，对于获得了某博览会冠军的人工智能绘画作品《太空歌剧院》，两名专业评委均表示无法识别是由人工智能生成的，如果当初那名使用者没有声称该作品是借助了人工智能的力量生成的，那么依照署名推定原则，该作品将获得完全的著作权保护。此时，本应起到确定作品来源的署名推定原则，无法发挥其功能，恐有沦为制度漏洞之嫌。

在现有技术和法律框架下，利用署名推定原则，的确能暂时躲避非人创作不予著作权保护的问题。然而，随着技术手段的进步，这种"欺骗式"署名可能会被发现。❶ 伴随人工智能作品的增多，法律也会不断完善，通过一定的制度设计来保障署名的真实性。届时，"冒用"人将难以逃脱不道德或学术不端的指责，并将承担相应的法律责任。

---

❶ 知网已推出 AI 作品检测服务，在其服务宣传内容中指出："知网 AIGC 检测服务系统是以文本为检测对象，以知网结构化、碎片化和知识元化的高质量文献大数据资源为基础，基于预训练大语言模型算法逻辑，结合'知识增强 AIGC 检测技术'和若干检测算法，从语言模式和语义逻辑两条链路，用 AI 检测 AIGC，实现快速、准确识别学术文本中的 AI 生成内容，从而为引导和监管 AIGC 技术的科学合理使用、维护学术诚信和保护知识创新提供有力支持。" https：// aicheck. cnki. net.

所以，利用现有漏洞用以"人"顶替"人工智能"署名来保护人工智能生成内容的著作权，恐怕难以长久。

（三）人工智能的工具说解释

既然生成式人工智能不能通过法律解释成为权利主体"人"，利用漏洞假冒为"人"又有违法之嫌，那么其著作权保护只能寄希望于放弃主体身份这一出路了。

在 2018 年的"菲林诉百度案"中，法院曾明确表示：由于分析报告不是自然人创作的，即使其具有独创性，也不能成为著作权法意义上的作品，不能认定威科先行库是作者并享有著作权法规定的相关权利。[1] 可见，在我国司法实践来中，自然人的创作是著作权法保护的必要条件，这与上文分析的结论基本一致。难道在作者身份限定为"人"的情况下，人工智能生成内容就一定无法获得著作权保护了吗？其实不然。

在 2019 年的"腾讯诉网贷之家案"中，深圳市南山区人民法院就明确表示"Dreamwriter 软件"是一种"写作助手和辅助创作工具"，并认定由"Dreamwriter 软件"辅助完成的财经类文章可以构成《著作权法》上的作品。[2] 此判决一出，便引起了轩然大波。因为深圳市南山区人民法院竟然承认人工智能生成的内容可以受《著作权法》保护，这样的结论与上述"菲林诉百度案"完全相反。仔细对比两份判决书，可以发现两个案件结果迥异的根本原因在于：作品的独创性究竟是出自人工智能还是利用

---

❶ 参见：北京知识产权法院（2019）京 73 民终 2030 号民事判决书。
❷ 参见：广东省深圳市南山区人民法院（2019）粤 0305 民初 14010 号民事判决书。

人工智能的人。在"菲林诉百度案"中，法院强调威科先行库是一种"自动生成工具"，作品是人工智能创作的。而在"腾讯诉网贷之家案"中，法院将人工智能认定为人类创作的辅助工具，涉案作品可以体现人类作者的独创性贡献。

至此，我们应当明确人工智能生成内容受著作权法保护的重要一环，就是人工智能的定位。如果人工智能是一种创作辅助工具，❶ 人类才是创作主体，那么由人工智能自动生成的具备独创性的内容，是可以得到著作权法保护的❷。

生成式人工智能虽然不能获得著作权主体的地位，却可以工具的身份出现，使其生成内容获得著作权法保护。这样的保护进路虽然曲折，但也终于解决了限定主体下的保护不能问题。此时，人工智能被视为创作工具得以成立的关键是，如何定义人类利用人工智能进行内容生成的行为，即该行为能否被理解为符合法律要求的"创作"。

---

❶ 美国版权局 2023 年 12 月 11 日维持了拒绝注册名为"SURYAST"的二维计算机生成图像的决定，该图像由 Ankit Sahni 使用人工智能软件 RAGHAV 制作。美国版权局认为申请人对人工智能是工具的描述有矛盾之处，即究竟是过滤器还是更强大的生成工具。U. S. Copyright Office Review Board, Re: Second Request for Reconsideration for Refusal to Register SURYAST（SR# 1 – 11016599571；Correspondence ID：1 – 5PR2XKJ）. Dec. 11, 2023.

❷ 当然，有学者认为人工智能工具说不足以证明创作内容的性质，贡献论才可以。现行《著作权法》以"独创性表达"这一法律形式构建逻辑严密的理论体系，究竟是谁（人类抑或人工智能）对人工智能生成内容的"独创性表达"作出主要贡献，是判断其可版权性及权利归属的关键. 丁文杰. 通用人工智能视野下著作权法的逻辑回归：从"工具论"到"贡献论"[J]. 东方法学，2023（5）：94 – 105.

第二节　AIGC 的独创性表达界定

我国《著作权法实施条例》第 3 条第 1 款规定："著作权法所称创作，是指直接产生文学、艺术和科学作品的智力活动。"据此，有学者指出："'直接产生……作品'强调的是民事主体决定构成作品所需表达性要素的自由意志。其与作品之间的联系如此紧密，以至于只能用'直接'而非'间接'予以描述。"❶依照此种理解，只有原创作品的创作过程才属于著作权法中的"创作"，而演绎性创作——对他人作品利用后产生新作品（如翻译作品、改编作品或者汇编作品等演绎作品）的行为，则限于意志的不"自由"而缺乏决定表达要素的直接性，其创作过程只能是间接产生作品，不符合著作权法的"创作"含义。上述对创作含义的理解，更趋向于对原创的尊重和保护。而在如今人人皆可创作的时代，将创作行为限定于原创范围内的认知明显不符合社会文化发展需求。

一、演绎性创作亦属于创作

前文已述，仅有天才才能进行创作，并不比对所有从自然

---

❶ 王迁. 再论人工智能生成的内容在著作权法中的定性 [J]. 政法论坛，2023，41 (4)：24.

得来的素材进行创作都只是模仿的观点更具先进性或合理性。模仿与创作，不论是在著作权发展史中，还是在现代著作权法实践中，实际上都与创作素材相关。除了在自然素材基础上进行的原创行为外，以他人作品为素材进行的创作行为——演绎性创作，虽有争议，但也逐渐发展为作品产生的常态。数字化和智能化过程正不断丰富着商品生产和流通的各个环节，文化领域自然也受到了波及。这一影响实际上比我们预计得还要深远，仅传播模式的转变和更替，显然不足以概括。创作模式的转变才是令人吃惊的，最直观的影响体现在大众参与创作的热情和规模。特别是当生成式人工智能为人们带来创作的便捷，让大众参与创作成为可能时，传统创作模式被颠覆。创作模式的转变产生了许多新型的创作行为，演绎性创作就是其中最具代表性的一种。

从传统意义来说，源于自然素材的创作行为更容易被认定为原创，而源于他人作品的创作很可能被视为模仿。因为在现代著作权法的语境下，具有独创性的表达被视为作品，而利用他人作品进行创作产生的新作品被称为演绎作品。前文有论述，创作行为是一个以创作动机为开始，以创作素材、形式、内容的选取与表达为具体行为的创作过程，最终形成创作结果（具体作品）的有机体。虽然结果呈现了独创性，意图也可能是独创性的重要来源，但在这一创作行为中，独创性表达最直观地体现在具体的创作行为过程中。换言之，创作行为就是独创性表达的融入过程与体现载体。原创行为与演绎性创作行为的区别，就是作品独创性表达中，是否包含他人的独创性表达。演绎性创作可以创造出异于原作的价值，也可能创作出优于原作品的新作品。因此，演绎性创作也属于创作，与原创一样，均属于创作内涵中应当包含的内容。

让我们重新审视《著作权法实施条例》第 3 条第 1 款对创作的解释，即"著作权法所称创作，是指直接产生文学、艺术和科学作品的智力活动"以及第 2 款的排除性规定，即"为他人创作进行组织工作，提供咨询意见、物质条件，或者进行其他辅助工作，均不视为创作"应当明确其中的"直接产生"对应的"不直接"行为应当是仅为创作提供辅助工作、不参与创作活动的行为，目的是将非参与创作的人，排除在"创作作品的自然人是作者"这一法律规定的作者行列，并不是对创作行为与作品产生的直接性关系进行限定。结合上述对原创及演绎性创作的思考可以得知，在对创作进行界定时，应当强调创作行为与作品产生的关系，即创作产生作品，而不应当限定产生作品的具体方式（直接与否），更不应当对创作进行限缩解释（仅原创）。特别是在技术对创作方式产生颠覆性影响的当下，应当将利用他人作品进行创作的行为认定为演绎性创作。在演绎性创作的视角下，人工智能生成内容才有可能被认定为人类利用生成式人工智能进行创作的产物。

生成式人工智能如果作为工具，在人类的干预下创造出具备独创性表达的作品，则具备了著作权法保护的可能。此时，如何认定人工智能生成内容包含人类的独创性表达，成为问题的关键。

二、生成算法的表达认定

在 2020 年的《天堂入口》绘画登记案中，美国版权局基于"人类思维和创造性之间的联系是赋予版权保护的前提"这一基本原则，拒绝了对生成图像进行版权登记。❶ 对该案的理解，与其套用版权法中作品构成要件认为拒绝登记的原因是缺乏独创性表达，倒不如说是该图像缺乏人类参与形成独创性表达的证明。因为图像作品实属佳作，但申请人没有提供证据证明自然人对该作品有足够的创造性投入，最终导致登记失败。同上述案件相似，在 2023 年初的《黎明的扎利亚》版权登记案中，美国版权局认为人类创作元素（漫画中的文字）与人工智能生成图像相结合的作品符合作品要求，但人工智能生成的图像本身，不受版权保护。❷ 利用生成式人工智能进行创作却屡屡遭遇此种尴尬的境地，源于其生成模式：始于人的指令输入，却终于人工智能的自动生成输出。由于自动生成更容易被理解为人工智能的表达，而非人类干预下的表达，所以我们需要在著作权法理论下探究指令与生成的过程，是否包含一组人的思想与独创性表达的对应关系呢？基于算法的表达究竟是人工智能的表达，还是体现了人类意志的表达？

---

❶ ［EB/OL］．［2023 - 06 - 18］． https：//www. copyright. gov/rulings - filings/review - board/docs/a - recent - entrance - to - paradise. pdf.

❷ ［EB/OL］．［2023 - 06 - 18］． https：//copyright. gov/docs/zarya - of - the - dawn. pdf.

著作权领域的表达，向来难以与思想相界分。❶ 使用者对人工智能作出的指令，是一种思想还是表达？以文字生成为例，指令描述越详细，该指令越趋近于表达；而指令越抽象，越接近思想。当指令是极为抽象的描述时，生成式人工智能可能由此指令生成多种难以预计的结果。但随着指令描述逐渐变得详尽，其结果的选择空间变小，生成内容越接近使用者的预期。可以说，详尽到一定程度的指令能够被认定为是一种表达。

从指令到内容生成的过程中，还包含着一个极为重要的环节，那便是基于模型的算法。以 ChatGPT 为例，其核心 Transformer 神经网络架构，包含编码器和解码器。编码器用于将输入序列映射到一组中间表示，解码器则将中间表示转换为目标序列。中间隐藏的部分，正是算法起决定性作用的重要环节。该环节包含许多预训练语言模型。在这些模型的训练中，人类反馈强化学习算法（Reinforcement Learning from Human Feedback，RLHF），起到了关键作用。❷

RLHF 分为奖励训练模型和生成策略优化两个部分。在奖励训练模型环节中，通过标注者（人类）先行扮演人工智能进行对话，建立初始模型；再由人工抽取部分提示，依照相同提示的不同回复数据，对回复质量进行排序，并对最符合标注者喜好的内容进行奖励。在这一过程中，模型便有了需要满足人类喜好的预设。在生成策略优化环节，标注者抽取新的小部分提示，用上一阶段的奖励训练模型给新的回复进行整体奖励。这样一来，模

---

❶ 卢海君. 论思想表达两分法的法律地位［J］. 知识产权，2017（9）：20 – 26.
❷ ［EB/OL］.［2023 – 06 – 18］. https：//openai. com/blog/chatgpt.

型便会更新优化参数，将获得最多奖励为生成目标策略。人工智能经过一轮强化学习后，重复该过程便可以产生一定的策略梯度。通过这些算法的参数调整，模型会选择最符合提示者喜爱的内容进行回复。❶

　　通过上述技术分析不难看出，类 ChatGPT 生成式人工智能，充满着算法、模型和规则。这些技术使得人工智能可以准确地将人类自然语言转化为机器可识别的语言，并在大数据中不断深度学习，时刻进行着输入—转化—训练并优化数据模型—生成符合人类习惯和偏好的反馈这一系列行为。在生成训练阶段，涉及高度的人类参与，比如刚才提到的人类反馈强化学习算法。该算法是在人类标注者的人工干预下进行的。正是由于人工干预模型训练，才确保了人工智能输出的真实性和有用性。在利用阶段，输入指令也是人类主导进行。如果使用者没有尽可能将其脑中的思想具化为表达，那么生成式人工智能也不能将该表达转化为相应回复进行输出。如果使用者表达不清致使生成内容不理想，则使用者还需要修改表达，或反复对话，直至获取满意回复。

　　可以说生成式人工智能处理自然语言从笨拙到精通，经过了漫长的技术积累。理解并生成符合人类需要的自然语言的算法，是生成式人工智能得以问世的关键。实现对人类自然语言的反馈，并命中使用者思想作出表达，也是基于多种算法设置的模型训练结果。这些核心算法源于人类设计，且通过人工标注优化策

---

❶　后一过程被称为近端策略优化（Proximal Policy Optimization，PPO）算法。该算法也是在人工干预下，实现了新的目标函数可以在多个训练步骤实现小批量的更新目的，这也是其研发公司 OpenAI 默认的强化学习算法。

略实现。所以就训练过程而言，算法充斥着人类的干预和影响，其本身也是人类思想的表达。而在生成式人工智能的创作过程中，人类的指令是触发其运作的开始，满足人类的喜好也是其运作策略的终极目标。生成内容更是根据指令进行，并根据指令的调整而变化。如果使用者的指令没有很好地被人工智能所理解，或者生成内容不能令人满意，那么使用者可能会放弃使用，或者变换指令再次尝试，直到产生令使用者基本满意的内容。此时被使用者选中的生成内容，是人工智能基于使用者指令的理解与回复。所以，就生成结果而言，生成内容是在人类表达指令下，基于人类干预下的算法，得出满足人类需求的表达。综上所述，基于算法的设置，在一定情况下生成式人工智能的表达是可以在人类干预下进行的，其作品可以体现人类的个性化选择与安排，即人对生成内容的独创性有贡献。可以说，生成式人工智能生成的内容，可以被视为人类思想的表达。

解决了人工智能生成内容的独创性可以来源于人类之后，作为人类干预下的表达，其作品独创性究竟如何判断的问题就出现在了我们面前。其实，独创性的判断一直是一个利益衡量问题。因为独创性的高度是颇具主观性的判断标准，如何准确地对不同类型作品进行独创性评价，向来是政策而非事实问题。

三、生成内容的独创性考量

前文提到的《黎明的扎利亚》版权登记案中的图像作品和获奖作品《太空歌剧院》一样，都是利用了 Midjourney 软件自动生成的图像，可见该软件在绘图方面的表现是十分优秀的。其生成的图像本身，与人类绘画制图相比，独创性难分高下。特别是当使用者反复修改，并利用其他软件进一步加工后，该图像从客观上是具备著作权法中最低的独创性要求的。但是，即便生成式人工智能创造了高于人类独创性的作品，依然无法被单独认定为具有独创性表达的作品。这无疑陷入了创作主体必须是人的逻辑怪圈。为了摆脱这一困境，只得通过生成式人工智能本身的算法，对其生成内容的独创性表达进行界定。确定独创性表达与人类创作存在关联，成为著作权法保护层面至关重要的一环。然而，上述独创性的假设，是基于生成式人工智能产生的作品与人类作品难以分辨的基础之上的。尽管使用者可能在指令输入时就包含了独创性的表达，并在自动生成内容之上进行了一定的独创性修改，但是，基于已有作品或数据为背景的资料库，生成内容似乎难以保持完全的独立性。

试想一下，如果训练模型的数据库中只有极少的数据，无论何人使用，其输出内容必然有很强的趋同性，那么其独创性可想而知。而如果模型中的数据量巨大，使用者很少，使用者的指令又足够详细，那么生成的内容可能会有较强的独立性，既不和数据库中已有作品完全相似，又不和他人指令下生成的内容雷同。然而实际生活中发生更多的可能是处于上述假设之间的情况。各类基于大数据模型训练的生成式人工智能，具备拥有独创性生成内容的条件。但是其使用人群往往也是大量的，特别是在不确定使用者输入的内容是否具有独创性的前提下，将任何输出内容都认定为是具有独创性的，显然并不合理。那么，究竟应当如何设立标准，以满足大量人工智能生成内容的独创性认定呢？

　　作品独创性的认定标准经历了最初的"额头出汗原则",逐步发展成为当今的"最低独创性"要求。这就意味着作品只要存在独创性,即可获得著作权法保护。不对独创性作过高的要求,便于人们快速确认创作内容的作品权利,也为作品交易带来便捷。然而,针对强大算力和算法的人工智能,较低的独创性标准会让人类在创作领域失去竞争机会。如果较低独创性都能获得著作权法保护,那么当人工智能快速生成内容垄断所有文字、颜色、线条组合,以及音符、视频等内容时,人类则再无创作空间。此时,若生成式人工智能创作物的独创性标准再沿用过去的最低独创性标准,似乎有些不妥。

　　生成式人工智能基于一定的算法,在预设的大数据模型(对话式的生成式人工智能称为语料库)中搜寻指令对应的最佳内容进行编辑和输出。该模型中的数据可能包含许多作品,当然也可能包含一些不是作品的数据信息。对于大数据模型而言,在生成内容源于他人作品时,如果其中对应作品基数小,输出内容可能与利用的原作品相差无几,或者可能是基于原作品之上的改编作品。如果对应作品基数较大,则输出内容可能在外观上难以看出原作品的痕迹,也可能在一定的排序和调整后得出貌似汇编作品的内容。对于使用者而言,生成式人工智能是将其自然语言翻译为机器语言,再进行处理后翻译成自然语言进行输出。因此,基于可能拥有作品的数据库而言,生成式人工智能在人类指令下输出的内容主要包含了改编、汇编和翻译作品,而这类作品在著作权领域被称为演绎作品。

　　演绎作品是一种基于已有作品而形成的特殊作品,特殊之处在于它是依赖前人作品之上的再创作。❶ 生成式人工智能创作出的作品，符合演绎作品的外观。正如前文所言，尽管我国《著作权法》并没有"演绎作品"这一概念，但早已在立法中将改编、翻译、注释、整理已有作品而产生作品的权利归属进行了统一的安排。❷ 1976 年的美国版权法第一次使用了"演绎作品"（derivative works）的概念。❸ 除此之外，德国❹和日本❺等国家也相继通过立法保护了演绎作品。诚然，有的国家（比如英国、法国和我国）或未抽象出演绎作品的概念，或仍沿用列举的方式规定翻译权、改编权等具体权利，❻ 但是，利用著作权法保护演绎作品的观念，早已深入人心。

　　将生成式人工智能产生的作品定义为演绎作品，实际上是对生成内容产生利益的一种分配安排。因为对演绎作品进行保护源于作品增值利益分配需求。❼ 此时，应当注意对原作品作者与演绎人的创作进行区分，并兼顾二者的利益。一方面，对须征得原

❶ 田村善之. 日本知识产权法：第 4 版 ［M］. 周超，李雨峰，李希同，译. 张玉敏，校. 北京：知识产权出版社，2011：412.

❷ 参见:《著作权法》第 13 条。

❸ 17 U. S. C. § 101.

❹ 参见：德国著作权法第 3 条、第 23 条。德国著作权法 ［M］. 范长军，译. 北京：知识产权出版社，2013：4，29.

❺ 参见：日本著作权法第 2 条、第 11 条、第 27 条、第 28 条。日本著作权法 ［M］. 李扬译，北京：知识产权出版社，2011：5，14，21.

❻ 《伯尔尼公约》虽集中规定了翻译、改编等所得之演绎作品为受保护的作品，但分别对翻译权、改编权进行了规定。Art. 2，8，12，Berne Convention for the Protection of Literary and Artistic Works Paris Act of July 24，1971，as amended on September 28，1979.

❼ 曾青未. 论作品增值利益的分配 ［J］. 苏州大学学报（哲学社会科学版），2016，37（6）：67 – 75.

作者同意方可进行作品演绎的规定，体现了对原作品作者创造投入的尊重，也为原作者获取增值利益提供了制度保障。另一方面，对演绎作品本身的确认和保护，亦是对演绎人创作投入的肯定，演绎人可以凭借其投入的创作要素，获取由演绎作品产生的利益。将生成式人工智能生成内容安排为演绎作品这一类别进行保护，便于对生成内容进行保护的同时，保障数据模型库中已存在作品的权利。

在演绎作品的客体类别安排下，人工智能生成内容的独创性认定又当如何判断呢？在最早对演绎作品进行保护的美国，惯以"实质性区别"（substantially different）标准来判断演绎作品的独创性。[1] 具体而言，我们可以将人工智能生成内容与原作品进行比较。如果生成内容相较于原作品，具备"实质性区别"的独创性，则可以认定其是该原作品的演绎作品。如果生成内容只对原作品进行了细微改动，那么该内容无疑不具备必要的独创性，只是对原作品的复制，而非演绎。所以，当对人工智能生成内容进行独创性考量时，如果该内容产生了与模型中所利用作品实质性区别的表达，那么该内容可以被认定为具备独创性，从而认定为所利用作品的演绎作品。当然，面对模型中的大量作品，我们可能难以进行人工识别，但是技术可以做到。例如区块链技术，可以将模型中所有作品进行编号，并在生成时予以标注，这样一

---

[1] 该标准起源于 Gracen 案，波斯纳大法官在判决中认为，如果对公共领域的作品进行微小改动后形成的"新作品"可获得版权保护，那么在后任何模仿原公共领域作品的人，均有可能侵犯该"新作品"权利人的权利。Gracen v. Bradford Exchange, 698 F. 2d 300 (7th Cir. 1983).

来便可以通过技术手段解决这一问题。

　　著作权法保护人类智力成果，凡是作者创作出的具有独创性的表达均可以成为著作权保护对象。生成式人工智能在现有法律逻辑和框架下难以成为权利主体，只有依靠获取工具地位，才能使其产生内容被著作权法保护。然而，工具地位也不是轻易可以获得的。所以需要对创作内涵进行解释，将人工智能生成内容的创作过程理解为演绎性创作行为。在此基础之上，对核心算法进行考察，确定人工智能生成内容可以是在人类干预下的独创性表达。继而通过演绎作品的类型安排，确定生成内容的独创性考查标准，即人工智能生成内容如果与原作品相比具有实质性的差异，则可以被认定为是具备独创性的演绎作品。

第三节　开放式传播权的保护适用

　　人工智能生成内容的法律保护，并不是著作权领域遇到的第一个新问题。著作权法实践中经常会遇到此类"新"的老问题。面对这些问题时，学者们往往要不厌其烦地对著作权理论的基本问题进行一次又一次的说明。这些问题的症结，在于著作权体系的封闭性。生成式人工智能以颠覆性的创造模式震惊了我们，也为我们突破封闭性的著作权权利体系带来了契机。

一、权利体系的开放式构成

著作权的束状权利体系向来是区别于传统私权的重要特征。除饱受争议的精神权利外，财产性权利也是基于作品产生的发散性权利束。著作权人的财产性权利看似十分丰富，实际早已被打上了类型化的标签，束缚于技巧性的文字游戏中。最早突破传统封闭体系得以开放的，是作品的概念。我国在《著作权法》第三次修改时，将作品的抽象概念置于其中，缓解了多年来类型化保护不力的现象。而权利体系的固化问题，则没有如此幸运得到解决。

前文已经明确，已有作品生成的内容，与原作品有实质性区别，可以认定为是一种演绎作品。而原作品演绎权就是原作品可以被他人改编、翻译、汇编的权利。因此，原作品权利人可以依照演绎权对生成内容主张相应权利。而演绎人在使用生成式人工智能之前，也需要向原作品权利人申请授权。传播权相对于复制性和演绎性的权利而言，其体系更为复杂。涉及传播的权项包含了出租权、展览权、表演权、放映权、广播权、信息网络传播权等一系列权利，每项权能又有着各自不同的权利范围和解释。不同权利概念的各种解释之间，又常常充斥着技术与现实的羁绊，在实践中产生了许多困扰。

有鉴于此，我们在前文中针对赋权制度进行了重塑。传统财产性权利，按照利用方式的性质，可以分为复制性权利、演绎性权利和传播性权利。而这三类权利，都是建立在对作品的利用或传播之上的。如果他人仅对作品进行复制或演绎，却没有传播行为，那么实际上也并没有对该作品权利人造成财产上的侵害。所以传播性的利用，才是著作权人获得财产性权益的核心途径。因此，应当构建以传播权为核心的开放式权利体系，包含原件传播、复制性传播以及演绎性传播，并明确作者享有公平获酬的权利。在对传播权进行描述时，应当尽量使用现有法律术语（如"向公众传播"），并尽可能地避免使用过于技术性的词语，比如利用的设备名称（放映机、幻灯机、扩音器）、具体的传播方式（出售或赠与、临时使用或陈列、播送或再现、传播或转播、有限或无线方式、交互式或非交互式）等。❶ 具体而言，在我国《著作权法》之中，将著作权的具体权利规定为如下形式：

第 × 条　著作权包括下列权利：

（一）表明作者身份的权利；

（二）公平获酬权，即公平获得作品产生利益的权利；

（三）传播权，即向公众传播作品的权利，包括复制性传播和演绎性传播；

（四）应当由著作权人享有的其他权利。

二、生成作品保护的适用规则

生成式人工智能的训练模型可能包含许多作品，相对于生成作品而言，我们统一称为原作品。由于生成作品是利用原作品产生的演绎作品，所以生成作品传播权的行使，不得侵犯原作品的权利。

---

❶　参见：《著作权法》第 10 条。

首先，在生成过程中，需获得原作品权利人授权。例如，在生成式人工智能模型数据库的建立阶段，需要大量作品，如果研发止步于此，也需要获得原作品权利人的授权。因为此时对原作品的收集行为，属于复制性传播。紧接着，在训练模型的学习过程中，不同的人工智能会基于各自的算法对原作品进行整理，也可能进行归类、提取素材、提炼逻辑等演绎性使用。此过程虽然没有新作品产生，但在模型中可能已经对原作品进行了拆分、整合、安置等演绎性传播，故也应当取得原作品权利人的授权。在最后的生成阶段，人工智能按照使用者下达的指令，对模型中的内容进行提取和整合，并依照算法将最符合使用者预期的内容进行展示输出。此时的生成行为是对原作品的演绎性传播，理应获得原作品权利人授权，并支付相应报酬。由于每一阶段，均对原作品进行了传播利用，因此即便最终并没有基于原作品产生新作品，前两个阶段依然需要获得授权。换言之，无论是否有生成行为，将原作品收集进模型中以及利用原作品让人工智能进行学习的行为，都应当从原作品权利人获取授权。

其次，在生成作品的利用过程中，也需要原权利人的授权。经过原作品的授权使用，最终的生成内容可因具备实质差异的独创性成为一个演绎作品。在此之后，该作品可能会被使用者进一步进行修改完善，也有可能直接被使用者利用。此时的生成作品具备了相应的传播权，但该传播权的适用需要以原权利人的同意为要件。因为按照演绎作品的权利行使规则，如果他人使用生成的演绎作品，除了获得演绎人同意外，还需获得原作品权利人许可，并支付报酬。这样的传播权适用规则，便于在促进生成作品利用的同时，可以保障原作品权利人的公平获酬权。

除了原作品权利外，生成作品的传播权，还不得损害公共利益。生成式人工智能产生的这类演绎作品，除了利用原作品外，还会利用到一些不属于作品的素材，包括不受著作权法保护的思想、过于单一的表达、公共领域的信息等。由于生成式人工智能素材体量大，算法不透明，生成速度快，如果利用生成作品的传播权，限制了公众对上述素材的使用，则有权利滥用之嫌。所以，对于生成式人工智能产生的演绎作品，不得将作品权利延伸至非独创性表达之上。有鉴于此，对于生成作品而言，如需积极行使权利，则需要进行独创性表达的声明，以此明确其传播权的具体适用范围。

著作权法一直是赋权与限权同时运行、并行不悖的。在生成式人工智能快速学习并熟练掌握生成作品技巧的当下，我们很难客观地指出对其进行保护的意义。然而，基于人类创造性投入的独创性表达却又有保护的必要。特别是人工智能改变生活的未来已至，人类作品被当作人工智能的学习素材也难以避免。与其恐慌担忧被替代，不如将人类创作作品的复制性与演绎性传播权予以保护。这样，当面对人工智能对人类作品的利用时，我们不仅可以掌握主动权，思考授权与否，而且可以在授权后获得自己作品产生的财产性收益以及后续使用产生的利益。除此之外，更为重要的是，在赋权的同时，还可以利用权利的限制制度对其进行约束。比如，在前文提到的"菲林诉百度案"中，法院认为虽然涉案分析报告不构成作品，但不认为该报告可以进入公有领域，被公众自由使用。判决中还从分析报告的投入角度，认为该生成内容凝结了软件研发者和软件使用者的投入，具备传播价值，应当对其权益进行保护。最终法院认定软件使用者虽不能拥有作者身份，但是可以采用合理方式表明其享有相关权益。❶ 依照该案判决，生成报告不构成著作权领域的作品，不受著作权法保护，但是生成内容不仅可以获得财产性权益保护，而且不用进入公有领域。这样的判决内容，看似阻止了生成内容产生著作权，但实际上也丧失了对该内容的著作权限制，如合理使用限制和著作权保护期限的限制。这种缺乏限权的保护方式，才是我们真正需要感到担忧的。

本章小结

生成式人工智能与以往人工智能不同，其强大的算法与算力让许多作者如临大敌。对未知事物的恐惧，往往会使我们先入为主地产生抵触情绪。仅因人工智能的自动生成方式，而拒绝对人工智能生成内容进行著作权法保护，会降低使用者的创作热情，进而阻碍生成式人工智能的应用。这种非理性的思考方式可能会限制人类文明的发展，让著作权制度成为技术进步的阻碍。

有鉴于此，本章首先通过将生成式人工智能解释为创造工具，克服主体是人的保护限制。其次，通过对算法的技术拆解和

---

❶ 参见：北京知识产权法院（2019）京 73 民终 2030 号民事判决书。

法律解读，指出基于算法生成的内容可以作为人类干预下的独创性表达，并将具备实质性差异的独创性内容定性为演绎作品，以此满足著作权法保护的客体基础。最终，利用本书构建的作品财产权保护体系，明确生成演绎作品传播权的具体适用规则，即在演绎作品生成前和使用过程中，均需要原作品权利人的授权。同时，为了不侵占公共领域的创作资源，应当对其生成内容的独创性部分予以声明。通过此种理论分析和制度设计，可以在促进作品传播利用的同时，达成公平分配作品利益的著作权法制度目标。

结　论

　　虽然本书的写作在此告一段落，但创作行为扩张带给我们的思考必将会一直持续。

　　创作既是作品产生的起点，更是著作权法产生的起点。创作概念的内涵极为丰富又变化莫测，著作权法亦是如此。究竟为何要保护作品之上的权利，古今中外的无数智者尝试了各种方式予以说明。本书在这些智慧之上，试图揭开创作的奥秘，探索其给著作权法带来的影响。此种稍显不自量力的尝试，希望能为读者带来一些稍有益处的启示。

　　本书从历史角度探源，明确虽然作者是被动成为著作权法保护权利的起点，但依现代著作权法的权利体系构成理论，作为保护对象的作品，的确源于人类的创作行为。如果剥离用以粉饰保护商业利益的"作者"与"作品"的法律用语后，则仅剩"创作行为"这一客观存在的历史性概念。所以以创作行为为起点，对其本质进行探索，有助于我们打开著作权法理念研究的大门。同时，创作行为的扩张，是一种无法阻止的趋势，必然会对著作权法的理念和制度产生影响。在创作行为继续扩张的现实下，现有著作权法的制度设计在应对之时恐有缺失。此种制度困境，源于模糊与非理性的理念设计。著作权法作为利益分配工具，理应拥抱此种趋势，在理念和制度上有所改变。因而，在纷繁复杂的著作权法现象和内容间，确立符合我国发展的著作权法理念，并建立与之相符的制度，极具现实意义。

在著作权法理念形成的过程中，曾出现过自然权利保护理念和功利主义激励理念。两种不同的理念，在赋权与限权问题上存在着截然相反的观念。在其指引下，形成了不同的著作权法律制度构造。无论是自然权利说的赋权，还是功利主义说的限权，著作权法的理念始终在保护创作者的浪漫主义价值和功利主义的价值虚无中摇摆。前者过分夸大了作者人格利益保护的重要性，阻碍了作品的利用与流通。后者又过分强调了著作权法的工具性质，而忽略了应当赋予价值的指引功能。著作权法的理念应当具备最高性、价值性和实现性的标准。本书提出的著作权法工具主义保护理念符合最高性的要求，即以著作权法为工具，达成法律要保护的目的。所以在理念转变的研究时，需注重手段与价值的选取。功利主义的价值虚无和作者权至上的浪漫主义，都为我们描绘出了一幅鼓励创作的虚假景象。以公平分配作品利益为手段，促进作品利用为价值追求进行理念转变，可以缓和旧有理念带来的或扩张保护引发的权利失衡，或限制保护带来的利益分配不公。故将公平分配利益作为工具主义保护理念的手段，可以实现促进作品利用的价值追求。在明确目标和手段后，通过著作权法的公平分配利益达成促进作品利用的工具主义理念就是一个具备价值追求和实用性、最高级的著作权法理念。此时将公平分配的手段和促进作品利用的价值外化于著作权法的制度重塑中，可实现著作权法理念的实现性。

著作权法理念转变的意义有三：其一，正本清源，扭转过去价值偏差下的错误理念；其二，立足当下，适应创作行为扩张带来的冲击与挑战；其三，展望未来，给著作权法后续的修改完善提供有益的指引。理念只有外化才具有意义，因而需要对著作权法的制度构造进行研究。当然，从理念转变到制度重塑，并非简单的机械行为。体系化的科学思维，有助于我们对著作权法律制度进行深入了解，进行更为合理的设计。在旧有理念的指引下，著作权法的制度构建主要围绕权利的控制进行。而在新的公平分配利益以促进作品利用的工具主义保护理念下，应重新思考赋权和限权制度以及二者的关系问题。以"赋权－限权"并重的体系为制度重塑的分析框架，是对著作权法中私人权利与社会公众利益间利益平衡的体现，是著作权法工具性理念的开创性实现方式。

具体而言，在赋权制度重塑时应按照以下逻辑进行。在作品体系重塑时，需界定作品的概念和类别，既要确保符合概念的作品易于被赋权保护，又要通过限制确保不符合作品概念的内容易于被排除在保护范围之外。故作品概念的范围界定和便于勘验的类型化表达，是作品体系重塑的关键。有鉴于此，应当明确将思想予以排除，以便缓和失衡的权利体系。同时，对创作进行界定，须强调创作行为与作品产生的关系，即创作产生作品，而不应当限定产生作品的具体方式，更不应当对创作进行限缩解释。在描述作品概念时，明确著作权法保护的作品，是基于创作产生的独创性表达。综合"赋权－限权"并重的体系化思维以及创作行为扩张的现实，尝试两种作品分类方法。第一，以文字作品、美术作品、音乐作品、视听作品、艺术作品和图形作品的例示性分类，作为作品基础类型化的规定，并加上兜底性条款，用来弥补类型化不足的缺陷。第二，在上述分类基础之上，对作品进行原创性和演绎性创作的分类，即明确规定作品包含原创作品及演绎作品，并针对演绎作品的保护内容边界进行限定，避免对演绎作品保护而产生提高后续创作成本的不良后果。同时，对演绎权的权利行使进行限制，避免过于宽泛的演绎权阻碍创新文化的发展。

　　在赋权体系中，除了作品体系外，权利体系的重塑也需要从不同角度进行。在对著作权与邻接权体系进行重塑时，须构建以独创性的有无为衡量标准，对受著作权保护的作品和受邻接权保护的非作品进行区分的制度。在对人身权和财产权体系进行重塑时，要明确表明作者身份的权利和作者的公平获酬权均为著作权法中应当保护的重要权利内容。而现有人身权的其他权利内容，实则并无继续规定的必要。在对财产权体系进行重构时，应构建以传播权为核心的开放式权利体系，包含原件传播、复制性传播以及演绎性传播，并明确作者享有公平获酬的权利。在对传播权进行描述时，应当尽量使用现有法律术语，并尽可能地避免使用过于技术性的词语。

在各方利益动态平衡的考量下，限权制度也应当相对开放，这样一来可以应对权利开放带来的赋权－限权失衡问题。在限权制度重塑时，要针对合理使用制度进行完善。首先，应当明确选择"合理使用"的称谓，在赋权的同时进行限权的考量。现有制度中过于详细的类型化列举方式加上半封闭的模式，容易造成类型化不足的情况，限制合理使用制度平衡调节利益的功效。故在现有一般条款的严格规定下，需要制定较为灵活的列举内容，并以开放式的兜底条款进行兜底性的说明。在列举内容上，应使用抽象类型化列举的方式，如批评、评论、新闻报道、教学、学术和研究等情况，或者使用保障政策目的的类型化列举方式，如表达自由、促进知识进步、保护公共利益、促进创作和促进少数弱势族群文化发展等情况。在列举后，增加开放式的兜底条款。由于新的权利体系以"应当由著作权人享有的其他权利"作为兜底性保护内容，故合理使用列举后的兜底性条款，亦可以设定为"其他适用合理使用的情形"。

在上述理念和制度理论研究的基础之上，本书通过著作权理念转变和制度重塑的具体应用，尝试将新创作行为产生作品予以保护，达成理念实现性和制度可行性验证的目标。具体而言，创作行为扩张下的演绎性创作行为会产生演绎作品，依照新理念的指引，法律理应对演绎作品进行保护。同时，随着生成式人工智能应用的普及，其强大的算法与算力让许多人们如临大敌。有鉴于此，应当利用重塑后的"赋权－限权"制度体系，明确生成演绎作品的性质和传播权的具体适用规则，对生成内容的独创性部分予以声明。通过此种理论分析和制度设计，可以在促进作品传播利用的同时，达成公平分配作品利益的著作权法制度目标。这样一来，通过对现实中的创作行为扩张进行指引，避免法律的滞后性阻碍技术进步的高速发展。

只有人类会进行创作吗？创作真的是少数天才的特权吗？大众参与创作或演绎性创作真的低人一筹吗？或许这就是创作的魅力吧，让人无法言明，却又如此着迷。传播技术的扩张，对著作权法已有的影响可谓有目共睹。而创作行为扩张产生的影响，恐怕才刚刚开始。当面对人工智能创作时，我们从过去对弱人工智能的不屑，到如今对通用人工智能的抵触和担忧，足以体现人类的傲慢与偏见。著作权法这一历史性法律制度的产物，终有一天会成为历史。不知当未来的我们回顾现今的历史时，是否会嘲讽当下的无知。

参考文献

一、中文著作

[1] 柏拉图. 理想国 [M]. 郭斌和，张竹明，译. 北京：商务印书馆，1996.

[2] 边沁. 立法理论 [M]. 李贵方，等译. 北京：中国人民公安大学出版社，2004.

[3] 波斯纳. 论剽窃 [M]. 沈明，译. 北京：北京大学出版社，2010.

[4] 博登海默. 法理学：法哲学及其方法 [M]. 邓正来，姬敬武，译. 北京：华夏出版社，1987.

[5] 布洛克斯，瓦尔克. 德国民法总论 [M]. 张艳，译. 北京：中国人民大学出版社，2012.

[6] 辞海编辑委员会. 辞海 [M]. 上海：上海辞书出版社，2009.

[7] 德国著作权法 [M]. 范长军，译. 北京：知识产权出版社，2013.

[8] 德霍斯. 知识财产法哲学 [M]. 周林，译. 北京：商务印书馆，2008.

[9] 戈斯汀. 著作权之道：从谷登堡到数字点播机 [M]. 金海军，译. 北京：北京大学出版社，2008.

[10] 黑格尔. 法哲学原理 [M]. 范扬，张企泰，译. 北京：商务印书馆，

1961.

［11］黄海峰. 知识产权的话语与现实：版权、专利与商标史论［M］. 武汉：华中科技大学出版社，2011.

［12］康德. 纯粹理性批判［M］. 李秋零，译. 北京：中国人民大学出版社，2004.

［13］克里斯特曼. 财产的神话：走向平等主义的所有权理论［M］. 张绍宗，译. 张晓明，校. 桂林：广西师范大学出版社，2004.

［14］雷炳德. 著作权法［M］. 张恩民，译. 北京：法律出版社，2005.

［15］李琛. 论知识产权法的体系化［M］. 北京：北京大学出版社，2005.

［16］李琛. 著作权基本理论批判［M］. 北京：知识产权出版社，2013.

［17］李明德. 欧盟知识产权法［M］. 北京：法律出版社，2009.

［18］李永军. 民事权利体系研究［M］. 北京：中国政法大学出版社，2008.

［19］罗斯. 版权的起源［M］. 杨明，译. 北京：商务印书馆，2018.

［20］洛克. 政府论：下篇［M］. 叶启芳，翟菊农，译. 北京：商务印书馆，1964.

［21］日本著作权法［M］. 李扬，译. 北京：知识产权出版社，2011.

［22］萨默斯. 美国实用工具主义法学［M］. 柯华庆，译. 北京：中国法制出版社，2010.

［23］世界知识产权组织. 著作权与邻接权法律术语汇编［M］. 刘波林，译. 北京：北京大学出版社，2007.

［24］孙玉芸. 作品演绎权研究［M］. 北京：知识产权出版社，2014.

［25］田村善之. 日本知识产权法：第 4 版［M］. 周超，李雨峰，李希同，译. 张玉敏，校. 北京：知识产权出版社，2011.

［26］吴汉东. 著作权合理使用制度研究［M］. 北京：中国人民大学出版社，2013.

[27] 谢尔曼，本特利. 现代知识产权法的演进：英国的历程：1760~1911 [M]. 金海军，译. 北京：北京大学出版社，2012.

[28] 熊琦. 著作权激励机制的法律构造 [M]. 北京：中国人民大学出版社，2011.

[29] 耶林. 为权利而斗争 [M]. 郑永流，译. 北京：法律出版社，2007.

[30] 易健雄. 技术发展与版权扩张 [M]. 北京：法律出版社，2009.

[31] 张俊浩. 民法学原理 [M]. 北京：中国政法大学出版社，1997.

[32] 郑成思. 版权法：修订本 [M]. 北京：中国人民大学出版社，2009.

[33] 周宪. 走向创造的境界 [M]. 南京：南京大学出版社，2009.

二、中文期刊

[1] 陈虎. 论人工智能生成内容的邻接权保护：从立论质疑出发的证伪 [J]. 电子知识产权，2019 (9)：15-24.

[2] 陈锦川. 视听作品著作权是否可以延伸至情节、音乐、美术等内容 [J]. 中国版权，2021 (4)：34.

[3] 程文豪. 著作权保护与数字教学资源共享的合理性、矛盾及解决思路探析 [J]. 柳州师专学报，2008 (1)：90-94.

[4] 初萌. 元宇宙时代的版权理念与制度变革 [J]. 知识产权，2022 (11)：110-126.

[5] 丛立先，刘乾. 同人作品使用原作虚拟角色的版权界限 [J]. 华东政法大学学报，2021，24 (4)：175-192.

[6] 崔国斌. 认真对待游戏著作权 [J]. 知识产权，2016 (2)：3-18.

[7] 崔国斌. 视听作品画面与内容的二分思路 [J]. 知识产权，2020 (5)：39.

[8] 戴哲. 论著作权、作者权与版权的关联与区分 [J]. 电子知识产权，2021 (12)：4-29.

[9] 丁文杰. 通用人工智能视野下著作权法的逻辑回归：从"工具论"到"贡献论"[J]. 东方法学，2023（5）：94 - 105.

[10] 董瀚月. 网络游戏规则的著作权法保护 [J]. 上海政法学院学报（法治论丛），2016，31（3）：102 - 109.

[11] 杜牧真，李仁玉. 未经许可创作的演绎作品著作权保护探析 [J]. 知识产权，2018（12）：68 - 73.

[12] 费安玲. 论著作权的权利体系构成的制度理念 [J]. 科技与法律，2005（2）：38 - 46.

[13] 冯晓青，刁佳星. 从价值取向到涵摄目的："思想/表达二分法"的概念澄清 [J]. 上海交通大学学报（哲学社会科学版），2021，29（2）：27 - 39.

[14] 冯晓青. 网络游戏直播画面的作品属性及其相关著作权问题研究 [J]. 知识产权，2017（1）：3 - 13.

[15] 高其才. 现代立法理念论 [J]. 南京社会科学，2006（1）：85.

[16] 高雅文. 版权保护对象合理扩张路径思考 [J]. 中国出版，2023（9）：49 - 53.

[17] 郭剑寒，宋思宇. 意思自治：数字时代维持著作权利益平衡之核心理念 [J]. 宁夏大学学报（人文社会科学版），2007（5）：69 - 74.

[18] 郭蓉. 数字出版中版权保护理念核心的转变 [J]. 成都师范学院学报，2014，30（1）：63 - 66，90.

[19] 郝敏. 网络游戏要素的知识产权保护 [J]. 知识产权，2016（1）：69 - 77.

[20] 郝思洋. 知识产权视角下数据财产的制度选项 [J]. 知识产权，2019（9）：45 - 60.

[21] 何炼红. 著作人身权转让之合理性研究 [J]. 法商研究（中南政法学院学报），2001，（3）：47 - 54.

［22］黄汇. 非法演绎作品保护模式论考［J］. 法学论坛，2008（1）：129 – 135.

［23］黄武双，谭宇航. 文学作品中的角色可受著作权法保护：兼评《此间的少年》案［J］. 版权理论与实务，2023（2）：18.

［24］姬蕾蕾. 数据产业者财产赋权保护研究［J］. 图书馆建设，2018（1）：54 – 59.

［25］来小鹏，贺文奕. 论电子游戏画面的作品属性［J］. 电子知识产权，2019（11）：30 – 40.

［26］李琛. 论作品类型化的法律意义［J］. 知识产权，2018（8）：3 – 7.

［27］李明发，宋世俊. 著作人身权转让质疑［J］. 安徽大学学报，2003（5）：126 – 132.

［28］李青文. 体育赛事节目录像制品保护的困境与出路：以邻接权的客体为视角［J］. 武汉体育学院学报，2020，54（8）：44 – 50.

［29］李双元，蒋新苗，沈红宇. 法律理念的内涵与功能初探［J］. 湖南师范大学社会科学学报，1997（4）：54.

［30］李扬. 网络游戏直播中的著作权问题［J］. 知识产权，2017（1）：14 – 24.

［31］李扬. 重塑以民法为核心的整体性知识产权法［J］. 法商研究，2006（6）：25.

［32］李杨. 著作权合理使用制度的体系构造与司法互动［J］. 法学评论，2020，38（4）：88 – 97.

［33］李勇军. 论著作权法的理念［J］. 社会科学研究，2015（2）：92 – 97.

［34］梁志文. 论演绎权的保护范围［J］. 中国法学，2015（5）：140 – 157.

［35］梁志文. 我国著作权法上未发表作品的合理使用及其立法模式［J］. 法学，2008（3）：101 – 108.

［36］梁志文. 著作权合理使用的类型化［J］. 华东政法大学学报，2012

（3）：34 – 45.

[37] 林秀芹，刘文献. 作者中心主义及其合法性危机：基于作者权体系的
哲学考察 ［J］. 云南师范大学学报（哲学社会科学版），2015，47
（2）：83 – 92.

[38] 林秀芹. 人工智能时代著作权合理使用制度的重塑 ［J］. 法学研究，
2021，43（6）：170 – 185.

[39] 刘春田，熊文聪. 著作权抑或邻接权：综艺晚会网络直播版权的法理
探析 ［J］. 电视研究，2010（4）：12 – 14.

[40] 刘金萍. 论著作人身权的产生 ［J］. 政法论丛，2016（4）：44 – 52.

[41] 刘铁光. 非例示类型作品与例示类型作品之间的司法适用关系 ［J］.
法学评论，2023，41（4）：77 – 88.

[42] 刘银良. 著作权兜底条款的是非与选择 ［J］. 法学，2019（11）：
118 – 135.

[43] 刘银燕. 未经许可的演绎作品著作权问题研究 ［J］. 河南财经政法
大学学报，2021，36（1）：103 – 110.

[44] 柳励和. 论著作人身权之转让：现行学术评价体制下的思考 ［J］.
湖南社会科学，2009（3）：67 – 70.

[45] 卢海君. "作品类型法定原则" 批判 ［J］. 社会科学，2020（9）：
95 – 103.

[46] 卢海君. 论思想表达两分法的法律地位 ［J］. 知识产权，2017（9）：
20 – 26.

[47] 卢海君. 论我国邻接权制度的改进：以 "体育赛事节目" 的著作权
法保护切入 ［J］. 知识产权，2020（11）：50 – 58.

[48] 卢海君. 论著作权法的体系化：以《著作权法》第三次修订为中心
［J］. 社会科学，2019（6）：109 – 116.

[49] 卢海君. 网络游戏规则的著作权法地位 ［J］. 经贸法律评论，2020

（1）：134 – 143.

［50］卢海君. 我国《著作权法》修订应遵循的基本原则：兼评《著作权法修正案（草案二次审议稿)》［J］. 中国出版, 2020 (19)：19.

［51］卢海君. 著作权法语境中的"创作高度"批判［J］. 社会科学, 2017 (8)：95 – 104.

［52］吕炳斌. 数字时代版权保护理念的重构：从以复制权为中心到以传播权为中心［J］. 北方法学, 2007 (6)：127 – 131.

［53］梅术文, 周荣. 网络环境下版权保护理念的审视：由《馒头》VS.《无极》引发的思考［J］. 电子知识产权, 2006 (4)：57 – 58.

［54］宁立志, 傅显扬. 论数据的法律规制模式选择［J］. 知识产权, 2019 (12)：27 – 35.

［55］牛云平. 谁发现了真正的荷马：西方翻译史上的一桩著名公案［J］. 中国翻译, 2015, 36 (1)：40.

［56］彭学龙. 知识产权：自然权利亦或法定之权［J］. 电子知识产权, 2007 (8)：15.

［57］邱宁. 在合法与非法之间：未经许可创作的演绎作品之著作权辨析［J］. 法学杂志, 2012, 33 (4)：143 – 146.

［58］饶世权. 网络短视频产业的法治治理：理念、规则和机制——以著作权分享为视角［J］. 中国编辑, 2021 (1)：14 – 20.

［59］石金钢. 著作人身权的合理流转［J］. 学术探索, 2012 (8)：28 – 30.

［60］史际春, 李青山. 论经济法的理念［J］. 华东政法学院学报, 2003 (2)：42 – 51.

［61］孙笑侠. "权利本位说"的基点、方法与理念：兼评"法本位"论战三方观点与方法［J］. 中国法学, 1991 (4)：48 – 53.

［62］孙新强. 论作者权体系的崩溃与重建：以法律现代化为视角［J］. 清华法学, 2014, 8 (2)：130 – 145.

［63］谭启平，蒋拯. 论著作人身权的可转让性［J］. 现代法学，2002（2）：74 - 80；

［64］陶乾. 论著作权法对人工智能生成成果的保护：作为邻接权的数据处理者权之证立［J］. 法学，2018（4）：3 - 15.

［65］王超政. 著作邻接权制度功能的历史探源与现代构造［J］. 华中科技大学学报（社会科学版），2020，34（4）：95 - 103，140.

［66］王国柱. 邻接权客体判断标准论［J］. 法律科学（西北政法大学学报），2018，36（5）：163 - 172.

［67］王晶，钟紫红. 著作权新理念下创造性作品的保护与共享：知识共享组织及其许可协议［J］. 中国科技期刊研究，2008，19（2）：243 - 247.

［68］王迁. 论人工智能生成的内容在著作权法中的定性［J］. 法律科学（西北政法大学学报），2017，35（5）：150.

［69］王迁. 论著作权保护刑民衔接的正当性［J］. 法学，2021（8）：3 - 19.

［70］王迁. 论作品类型法定：兼评"音乐喷泉案"［J］. 法学评论，2019，37（3）：11 - 17.

［71］王迁. 再论人工智能生成的内容在著作权法中的定性［J］. 政法论坛，2023，41（4）：24.

［72］王迁. 著作权法中传播权的体系［J］. 法学研究，2021，43（2）：55 - 75.

［73］王申. 理念、法的理念：论司法理念的普遍性［J］. 法学评论，2005（4）：13.

［74］魏琪. 政策面向：作者权与版权的分歧与融合［J］. 电子知识产权，2016（3）：38 - 47.

［75］吴珂. 著作人身权转让问题研究［J］. 西安电子科技大学学报（社

会科学版），2016，26（3）：54－60.

[76] 向波. 论人工智能生成成果的邻接权保护 [J]. 科技与出版，2020
（1）：70－75.

[77] 谢晴川，何天翔. 论著作权法对"创作者特权"的确认与限制：以
"鬼吹灯"案中的作者续写权利主张为切入点 [J]. 交大法学，2020
（4）：65.

[78] 熊琦. 人工智能生成内容的著作权认定 [J]. 知识产权，2017（3）：
3－8.

[79] 熊琦. 著作权法定与自由的悖论调和 [J]. 政法论坛，2017，35
（3）：82－93.

[80] 熊琦. 著作权合理使用司法认定标准释疑 [J]. 法学，2018（1）：
182－192.

[81] 熊文聪. 被误读的"思想/表达二分法"：以法律修辞学为视角的考
察 [J]. 现代法学，2012，34（6）：168－179.

[82] 徐聪，李子昂. 邻接权的体系构成：本源、性质、扩张 [J]. 上海大
学学报（社会科学版），2021，38（4）：85－97.

[83] 徐珉川. "众创"时代数字内容侵权中的"思想/表达二分" [J]. 法
学评论，2022，40（6）：65.

[84] 许辉猛. 人工智能生成内容保护模式选择研究：兼论我国人工智能生
成内容的邻接权保护 [J]. 西南民族大学学报（人文社科版），
2019，40（3）：100－106；

[85] 许明月，谭玲. 论人工智能创作物的邻接权保护：理论证成与制度安
排 [J]. 比较法研究，2018（6）：42－54.

[86] 殷少平. 论互联网环境下著作权保护的基本理念 [J]. 法律适用，
2009（12）：32－38.

[87] 曾青未. 论作品增值利益的分配 [J]. 苏州大学学报（哲学社会科

学版），2016，37（6）：67-75.

[88] 曾晰，关永红. 网络游戏规则的著作权保护及其路径探微 [J]. 知识产权，2017（6）：68-73.

[89] 张玲玲，张传磊. 改编权相关问题及其侵权判定方法 [J]. 知识产权，2015（8）：28-35.

[90] 张书青. 非法演绎作品后续利用行为的侵权定性 [J]. 电子知识产权，2018（3）：84-92.

[91] 张伟君. 呈现于视听作品中的游戏规则依然是思想而并非表达：对若干游戏著作权侵权纠纷案判决的评述 [J]. 电子知识产权，2021（5）：68.

[92] 章凯业. 版权保护与创作、文化发展的关系 [J]. 法学研究，2022，44（1）：205-224.

[93] 赵银雀，余晖. 电子竞技游戏动态画面的可版权性研究 [J]. 知识产权，2017（1）：41-45.

[94] 郑成思. 有关作者精神权利的几个理论问题 [J]. 中国法学，1990（3）：71-78.

[95] 周作斌，刘凡. 著作权立法理念的历史考察 [J]. 西安财经学院学报，2003（2）：54-58.

[96] 朱艺浩. 论网络游戏规则的著作权法保护 [J]. 知识产权，2018（2）：67-76.

三、判决书

[1] 北京互联网法院（2023）京0491民初11279号民事判决书。

[2] 北京市第三中级人民法院（2014）三中民初字第07916号民事判决书。

[3] 北京市高级人民法院（2003）高民终字第246号民事判决书。

[4] 北京市高级人民法院（2013）高民终字第1221号民事判决书。

［5］北京市高级人民法院（2015）高民（知）终字第 1039 号民事判决书。

［6］北京知识产权法院（2015）京知民终字第 1055 号民事判决书。

［7］北京知识产权法院（2015）京知民终字第 178 号民事判决书。

［8］北京知识产权法院（2016）京 73 民终第 587 号民事判决书。

［9］北京知识产权法院（2017）京 73 民终 1404 号民事判决书。

［10］北京知识产权法院（2019）京 73 民终 2030 号民事判决书。

［11］广东省高级人民法院（2021）粤民终 1035 号民事判决书。

［12］广东省深圳市南山区人民法院（2019）粤 0305 民初 14010 号民事判决书。

［13］广州互联网法院（2021）粤 0192 民初 7434 号民事判决书。

［14］广州知识产权法院（2015）粤知法著民初字第 16 号民事判决书。

［15］广州知识产权法院（2018）粤 73 民终 3169 号民事判决书。

［16］江苏省高级人民法院（2018）苏民终 1054 号民事判决书。

［17］山东省高级人民法院（2007）鲁民三终字第 94 号民事判决书。

［18］山东省高级人民法院（2011）鲁民三终字第 194 号民事判决书。

［19］上海市第一中级人民法院（2009）沪一中民五（知）初字第 119 号民事判决书。

［20］上海市浦东新区人民法院（2015）浦民三（知）初字第 529 号民事判决书。

［21］上海知识产权法院（2015）沪知民终字第 730 号民事判决书。

［22］上海知识产权法院（2015）沪知民终字第 81 号民事判决书。

［23］上海知识产权法院（2016）沪 73 民终 190 号民事判决书。

［24］浙江省高级人民法院（2019）浙民终 709 号民事判决书。

［25］浙江省杭州市中级人民法院（2015）浙杭知终字第 357 号民事判决书。

［26］浙江省温州市鹿城区人民法院（2015）温鹿知初字第 74 号民事判

决书。

［27］最高人民法院（2022）最高法民再 45 号民事判决决书。

四、英文文献

［1］BAMBAUER D E. Faulty Math: The Economics of Legalizing the Grey Album ［J］. Alabama Law Review, 2008, 59: 345, 346.

［2］BARTHES R. Roland Barthes ［M］. London: Macmillan, 1977.

［3］COOK W W. The Logical and Legal Bases of the Conflict of Laws ［M］. Cambridge: Harvard University Press, 1942.

［4］DEAZLEY R. Rethinking Copyright: History, Theory, Language ［M］. Cheltenham: Edward Elgar Publishing Limited, 2006.

［5］DEMSETZ H. Toward a Theory of Property Rights ［J］. American Economic Review, 1967, 57: 347.

［6］DRAHOS P. A Philosophy of Intellectual Property ［M］. ［S. l. ］: Dartmouth Publishing Group, 1996.

［7］FULLER L L. Human Purpose and Natural Law ［J］. The Journal of Philosophy, 1956, 53: 697, 700.

［8］GERVAIS D. Fair Use, Fair Dealing, Fair Principles: Efforts to Conceptualize Exceptions and Limitations to Copyright ［J］. Journal of the Copyright Society of the U. S. A. 2010, 57: 499, 503.

［9］GOLDMAN. Fair Use Harbors ［J］. Virginia Law Review, 2007, 93: 1483.

［10］GOLDSTEIN P. Copyright, Patent, Trademark and related Statue Doctrines ［M］. 5th ed. New York: Foundation Press, 2002.

［11］GOLDSTEIN P. Copyright: Principles, Law and Practice ［M］. Boston: Little Brown and Company, 1989.

［12］GOLDSTEIN P. Derivative Rights and Derivative Works in Copyright ［J］.

Journal of the Copyright Society of the U. S. A. 1983, 30: 209.

[13] GOOLD P R. Why the U. K. Adaptation Right Is Superior to the U. S. Derivative Work Right [J]. Nebraska Law Review, 2014, 92: 843, 844 – 845.

[14] GORDON W J. Fair Use as Market Failure: A Structural and Economic Analysis of the Betamax Case and its Predecessors [J]. Columbia Law Review, 1982, 82: 1600, 1614 – 1622.

[15] HOLMES O W. Learning and Science [M]. New York: Collected Legal Papers, 1921.

[16] HOLMES O W. The Path of the Law [J]. Harvard Law Review, 1897, 10: 468 – 469.

[17] LANDES W, POSNER R. An Economic Analysis of Copyright Law [J]. Journal of Legal Studies, 1989: 18.

[18] LESSIG L. Free Culture: How Big Media Uses Technology and the Law to Lock down Culture and Control Creativity [M]. New York: Penguin Press, 2004.

[19] LESSIG L. Remix: Making Art and Commerce Thrive in the Hybrid Economy [M]. New York: Penguin Press, 2008.

[20] LEVEQUE F, MÉNIÈRE Y, The Economics of Patents and Copyright [M]. California: The Berkeley Electronic Press, 2004.

[21] LITMAN J. Readers' Copyright [J]. Journal Copyright Society of the U. S. A. , 2011, 58: 330 – 331.

[22] LIU J P. Regulatory Copyright [J]. North Carolina Law Review, 2004, 83: 87.

[23] LLEWELLYN K N. Some Realism About Realism: Responding to Dean Pound [J]. Harvard Law Review, 1931, 44: 1222.

[24] MERGES R P, MENELL P S, LEMLY M A. Intellectual Property in the New Technological Age [M]. 4th ed. [S. l.]: Aspen Publishers, 2006.

[25] MOORE U. Rational Basis of Legal Institutions [J]. Columbia Law Review, 1923, 23: 609, 612.

[26] NAQVI Z. Artificial Intelligence, Copyright, and Copyright Infringement [J]. Marquette Intellectual Property Law Review, 2020, 24: 15 –52.

[27] POUND R. Mechanical Jurisprudence [J]. Columbia Law Review, 1908, 8: 605, 610.

[28] POUND R. The Need of a Sociological Jurisprudence [J]. The Green Bag, 1907, 19: 607, 612.

[29] SAMUELSON P. Unbundling Fair Uses [J]. Fordham Law Review, 2009, 77: 2537, 2543 –2544.

[30] SCHOLZ S. A Sirious Societal Issue: Should Autonomous Artificial Intelligence Receive Patent Or Copyright Protection? [J]. Intellectual Property Law Review, 2020, 11: 81 –133 (2020).

[31] SHERMAN B, BENTLY L. The Making of Modern Intellectual Property Law: The British Experience, 1760—1911 [M]. Cambridge: Cambridge University Press, 1999.

[32] SUMMERS R S. Instrumentalism and American Legal Theory [M]. New York: Cornell University, 1982.

[33] SUMMERS R S. Pragmatic Instrumentalism in Twentieth Century American Legal Thought – A Synthesis and Critique of Our Dominant General Theory About Law and Its Use [J]. Cornell Law Review, 1981, 66: 861, 875.

[34] SUN H. Redesigning Copyright Protection in the Era of Artificial Intelligence [J]. Iowa Law Review, 2022, 107: 1213 –1252.

五、英文判例

[1] *Naruto v. Slater*, 888 F. 3d 418（9th Cir, 2018）.

[2] *Telstra Corporation Ltd. v. Phone Directories Company Pty Ltd.*,（2010）FCA 44, para. 5.

[3] *Campbell v. Acuff – Rose Music, Inc.*, 510 U. S. 569, 579（1994）;

[4] *Gates Rubber Co. v. Bando American, Inc.*, 798 F. Supp. 1499（D. Colo. 1992）.

[5] *Lewis Galoob Toys, Inc. v. Nintendo of America, Inc.*, 964 F. 2d 965, 22 U. S. P. Q. 2d（BNA）1857（9th Cir. 1992）.

[6] *Peter Pan Fabrics, Inc. v. Rosstex Fabrics, Inc.*, 733 F. Supp. 174, 16 U. S. P. Q. 2d（BNA）1631（S. D. N. Y. 1990）.

[7] *Gracen v. Bradford Exchange*, 698 F. 2d 300（7th Cir. 1983）.

[8] *L. Batlin & Son, Inc. v. Snyder*, 536 F. 2d 486, 189 U. S. P. Q.（BNA）753（2d Cir. 1976）.

[9] *Sheldon v. Metro – Goldwyn Pictures Corporation.* 309 U. S. 390（1940）.

[10] *Nichols v. Universal Pictures Corp.* 45 F. 2d 119（1930）.

[11] *Kalem Co. v. Harper Bros.*, 222U. S. 63（1911）.

[12] *Dam v. Kirk La Shelle Co.*, 175 Fed. 907（2d Cir. 1910）.

[13] *Dam v. Kirk La Shelle Co.*, 175 Fed. 902（2d Cir. 1910）.

[14] *Yuengling, Jr. v. Schile*, 12 F. 97, 99（1882）.

[15] *Stowe v. Thomas*, 23 Fed. Cas. 201（C. C. E. D. Pa. 1853）.

[16] *Gyles v. Wilcox*, 26 Eng. Rep. 489（Ch. 1740）.

[17] *Burnett v. Chetwood*, 35 Eng. Rep. 1008（Ch. 1720）.

后　记

树欲静而风不止。

记得十年前,在博士期间的一个学期,我终日焦灼于题目的选取、文献综述的写作和开题报告的修改之中,因此也成为老师办公室的常客。每当导师教导我交叉领域研究的重要性时,我都在试图说服导师自己提出的方向也有一定的研究价值。就这样,在两个执拗之人互不让步的说服中,我修改了一个又一个选题方向,完善了一稿又一稿的开题报告,最终得到了导师的认可。以前,总以为是导师对学术的严谨和对学生的严格要求,使我有了这样一段痛苦的选题经历,直到自己做了导师,指导研究生进行选题时,才明白了导师用意。学术研究没有捷径可言,任何选题都应当是学者深思熟虑的结果,应当建立在问题意识的基础之上,通过严谨的学术综述,结合对一个领域的学术判断和实践经验等，对研究方向进行整体的把控。因此，问题意识是学术研究的起点。

在日常的教学中，面对教材和一双双天真求知的眼睛时，我好像看到了崇高的法律与不竭的创新动力。而回忆起在互联网公司任职的经历时，又深知虽然著作权法是著作权保护的堡垒，亦是企业打击侵权的有力武器，但是日常的合规、新产品的风控、诉讼策略的制定等，却处处体现着赤裸裸的利益。此时，书本上学习到的保护创新、促进创新的法律理念，似乎过于理想化了。著作权法与创作的关系，真的是一种崇高、带有光环的保护与促进关系吗？抑或真的只是工具与利益的关系吗？法律真的仅是无情的工具？赋予不同的价值后，能否通过不同的手段达成不同的使命呢？著作权法的理念究竟应当是什么，与之相适应的制度设计又应当如何呈现呢？每当思考这些问题时，平静的心顿时变得波澜壮阔。特别是当现实中出现新的创作形式引发纠纷和争议时，那颗向往安宁的心，又再次被撩拨。处于人工智能颠覆传统创作形式的当下，此种探究之心更是被激发得无以复加。

相信每一位知识产权法学者，都有种天然的责任感和使命感，这可能是源于一种创新可以促进人类发展的信念。在大众的认知中，知识产权法是保护创新的法律。在政策文件中，知识产权法又化身为促进创新的良药。知识产权法真的可以保护创新吗？知识产权法真的能够促进创新吗？实际上这不仅是一个法学问题，更是一个哲学问题。此类问题的思考，伴随了我无数日夜，也是本书的问题意识来源。

　　五年前，当我将博士论文修改成书时，有幸得到知识产权出版社卢海鹰老师和王瑞璞老师的帮助，该书是我的第一部学术著作。五年间，他们经常询问我的近况，鼓励我将所学所想形成文字。所以本书初具成形时，我便再次邀请瑞璞兄作为责任编辑。他勤奋严谨的工作作风使得两本书的出版都十分顺利！感谢知识产权出版社卢老师和瑞璞兄对本书的辛勤付出！

　　在本书出版之际，我要感谢我的导师宁立志教授，毕业多年，老师依然经常关心我的工作和生活，督促我不断进步。宁老师一直是我学术道路的指路人，每次与老师相聚，多少都有些忐忑，生怕辜负老师的期许。本书的出版，也算是我提交的一份阶段性答卷，希望能得到老师的肯定。我还要感谢曲三强教授，在我求序时，一口便答应下来，一如往日，有求必应。从出生到现在，一步步走来，离不开曲老师的教导和鼓励，感恩之情，无以言表，只盼日后更加发愤图强，不负期许。最后，我要感谢我的队友，牺牲自己的研究时间来照顾家庭，让我能全身心地投入本书的写作，娃儿和队友的共同成长，可谓是本书写作过程的另一收获。

　　在新冠疫情最严重的时期，我并没有像许多学者一样，利用闭关时间奋笔疾书进行写作，而是陷于日常琐事，忙碌于抢菜、囤药、消杀及每日核酸之中。朋友笑谈，本应拿着笔杆子的手，却被迫整日挑白菜、腌萝卜、种香葱。相信经历过那段时光的人们，会无比珍惜现在的生活。都说人的记忆是有限的，我也时常忘记以前的事情，有些甚至是在当时看来极为重要的。本书的写作，源于困扰我已久的问题以及疫情时的一点创作火花。感谢自己并没有将它忘却，也没有在琐事中将它放弃。同时，感谢人生中的苦难，让我们得知生活的艰辛；更感谢人生中的欢乐，让我们拥有不断探寻生活奥秘的勇气。